死刑囚90人 とどきますか、獄中からの声

死刑廃止国際条約の批准を求めるフォーラム90編

インパクト出版会

死刑について考えるために　福島みずほ............5
刊行にあたって............9

死刑廃止のための大道寺幸子基金表現展
美術作品受賞作から

死刑囚からあなたへ（第1部）

奥西勝	名古屋拘置所	34
大道寺将司	東京拘置所	34
浜田武重	福岡拘置所	35
渡辺清	大阪拘置所	35
石田富蔵	東京拘置所	37
藤井政安	東京拘置所	37
宇治川正	東京拘置所	38
金川一	福岡拘置所	39
佐々木哲也	東京拘置所	40
猪熊武夫	東京拘置所	41
山野静二郎	大阪拘置所	44
大城英明	福岡拘置所	46
神宮雅晴	大阪拘置所	47
村松誠一郎	東京拘置所	48
高田和三郎	東京拘置所	49
松井喜代司	東京拘置所	51
松本健次	大阪拘置所	51
陳代偉	東京拘置所	52
横田謙二	東京拘置所	52
黄奕善	東京拘置所	53
岡﨑茂男	東京拘置所	55
迫康裕	仙台拘置支所	55

岡本啓三	大阪拘置所	56
倉吉政隆	福岡拘置所	59
間中博巳	東京拘置所	63
西川正勝	大阪拘置所	64
鎌田安利	大阪拘置所	65
堀江守男	仙台拘置支所	66
上田宜範	大阪拘置所	66
田中毅彦	大阪拘置所	67
山口益生	名古屋拘置所	68
向井義己	名古屋拘置所	70
高橋和利	東京拘置所	71
中山進	大阪拘置所	72
江東恒	大阪拘置所	74
小林薫	大阪拘置所	75
長勝久	東京拘置所	76
高橋義博	東京拘置所	77
松本和弘	名古屋拘置所	78
松本昭弘	名古屋拘置所	79
下浦栄一	大阪拘置所	80
松田康敏	福岡拘置所（2012年3月29日死刑執行）	81
小林光弘	仙台拘置支所	81
西山省三	広島拘置所	82
中原澄男	福岡拘置所	83
浜川邦彦	名古屋拘置所	83
後藤良次	東京拘置所	85
庄子幸一	東京拘置所	86
林泰男	東京拘置所	87
服部純也	東京拘置所	88
長谷川静央	東京拘置所	89

氏名	拘置所	ページ
松村恭造	大阪拘置所	90
八木茂	東京拘置所	91
幾島賢治	名古屋拘置所	92
神田司	名古屋拘置所	93
林眞須美	大阪拘置所	94
関根元	東京拘置所	96
風間博子	東京拘置所	97
高橋秀	仙台拘置支所	101
早川紀代秀	東京拘置所	103
窪田勇次	札幌拘置所	106
井上嘉浩	東京拘置所	107
菅峰夫	福岡拘置所	108
金川真大	東京拘置所	111
大橋建治	大阪拘置所	112
吉田純子	福岡拘置所	115
高尾康司	東京拘置所	116
藤﨑宗司	東京拘置所	117
原正志	福岡拘置所	117
熊谷徳久	東京拘置所	119
小林正人	東京拘置所	120
小森淳	名古屋拘置所	121
渕上幸春	福岡拘置所	121
遠藤誠一	東京拘置所	122
松永太	福岡拘置所	122
北村真美	福岡拘置所	123
北村孝紘	福岡拘置所	124
匿名男性A		127
匿名男性B		126
匿名男性C		126

匿名男性D（2012年3月29日死刑執行）……127
匿名男性E……128
匿名男性F……128
匿名男性G……129

死刑囚からあなたへ（第2部）

石川恵子　　福岡拘置所
　獄中闘病記……130

小林竜司　　大阪拘置所
　死刑囚にも刑務作業を……135

尾田信夫　　福岡拘置所
　死刑制度は直ちに廃止されなければならない……143

何力　　　　東京拘置所
　中国人死刑囚として日本の非民主化を憂う……152

森本信之　　名古屋拘置所
　死刑囚にも人権がある……157

坂口弘　　　東京拘置所
　死刑執行手続きに関する意見……168

このアンケートの公開まで……171
死刑確定者の現状──アンケートから……174
死刑囚の権利保障　再審と恩赦……183
「死刑廃止国際条約の批准を求めるフォーラム90」賛同人になってください……195
死刑廃止のための大道寺幸子基金について……197

死刑について考えるために

参議院議員・福島みずほ

　死刑についてはほとんど知られていない。
　EU（欧州連合）に加盟をするためには死刑制度を廃止しなくてはならないこと、ヨーロッパ評議会にオブザーバー・スティタスを持っている5つの国であるアメリカ・日本・バチカン・カナダ・メキシコのうち、まだ死刑制度を持っている国はアメリカと日本だけであり、アメリカと日本に対してヨーロッパ評議会から死刑廃止に向けて動き出すよう勧告が出ていること、アメリカでも死刑を廃止した州が16州あること、韓国はもう15年ほど死刑を執行をしていないことなど。
　日本において、死刑確定囚がどのような生活をしているのか、死刑の執行の日は事前に知らされず、その日に執行の場に連れていかれるので、家族などとお別れをする機会もないこと、どのような基準で処刑の順番が決まるのか全く不透明であることなど。
　秘密裡に扱われ、議論もまだまだ少ない。
　死刑の事前告知がないため、本人もまわりも一般にも知られず、最近ようやく死刑の執行がマスコミを通じて発表をされるようになっただけだ。
　かつて家族が午前中本人に面会に行ったら、「今、会えない」と言われ、午後になって、「午前中死刑の執行がありました」と言われたことがあるのだ。
　そして、一人ひとりの死刑確定囚が何を考えているのか、実態はほとんど外には出てきていない。
　今回、アンケートをとり、まとめることにした。ぜひ読んで下さい。
　わたしが、死刑について思っているのは、人がこれ以上殺されないで欲しいということだ。
　人が殺されるのは嫌だ。
　いのちに対する冒瀆ではないか。
　人はなぜ人を殺すのか。弁護士として殺人事件を担当をしても良くわからなかった。「頭が一瞬真っ白になってしまって。」そんな話を聞いた。
　人が人をなぜ殺すのか。
　死刑を廃止したノルウェーで、社民党の若者の研修会を島で行なうところに、

一人の男性がやってきて、多数の人間を銃殺した。なぜか。

人が人を殺すことをできる限りなくしたいと思う。

しかし、人類は殺人ゼロを実現はしていない。

人が用意周到に、あるいはかっとなって人を殺すことを、なかなかゼロにすることはできない。

しかし、わたしたちは、とにかく国家による殺人はなくすことができる。

国家による殺人とは、戦争と死刑である。

国家による殺人は、現在では、法律にのっとって行なわれる。法律にのっとって行なわれるのであれば、人々の力で、政治の力で行なわないということが可能である。

憲法9条があるため、日本は戦争ができない。

国家による殺人をわたしたちは、自分たちの意思で実現ができるのだ。死刑だってそうだ。

ナチスドイツのもとで、ミュンヘンの大学生の反戦グループ「白バラ」の人たちは、戦争反対のビラを配っただけで、国家反逆罪であっという間に処刑をされている。

日本だって、101年前に大逆事件があった。そのときの政府に異議申し立てをする人間を国家が合法的に殺すことができるのが死刑だったのだ。

そんな話をすると、「今の時代はそんな時代ではないよ」という声を聞くことがある。

いや、いろんな理由で、国家が人を殺すことを容認してはいけないのではないか。

わたしが、戦争や死刑に反対をするのは、それは、事前に避けることができる殺人だからである。

もうこれ以上人が死ぬことはやめにしよう。人が人を殺すのは最悪のことである。弁解も何も聞きたくないし、この世から去ってくれという気持ちは実は理解できる。しかし、時計の針を元に戻せないのだとしたら、これ以上の殺人は望まないのだ。

2011年3月11日、私たちは、東日本大震災と原発震災を経験した。多くの命が失われた。命ということを今まで以上に考えた。

命以上に大事なものがあるかと本当に思う。だからこそ、わたしは、脱原発でもある。

こんななか、死刑確定囚の人たちにアンケートをとった。

日本は密行性が高く、死刑のことは、ほとんど知られていない。死刑確定囚

が何を考えているかもこれまたほとんど知られていない。肉声が外に出ることもほとんどない。前回2008年に確定死刑囚にアンケートをとり、彼らが今一番訴えたいことを書いてもらうことにした。

　今回は、2回目である。

　今回は、3月11日以後のアンケートだったため多くの人たちが被災者への思いを書いている。

　こんな時代だからアンケートに答えることはできませんと書いた人は、以下のように書いている。

　「せっかく作って頂いたアンケートなのですが、東北地方太平洋沖地震にて、死者1万5000人以上、行方不明7000人以上、そして避難されている方が11万人以上であり、被災地で生活している方々が今だに不自由で苦難な生活をしているなかで、私は死刑確定者という身分で有りながら、毎日、3食も食事を頂き、入浴もさせて頂いています。納税の義務を果たしていない私が、大切な血税にて生かされて罪のない被災地の方々が苦労されていることを考えると、とても、このアンケートに答える気持ちになりません。申し訳ありませんが、今回は辞退させて頂きます。」この人は、3月29日、死刑を執行された。

　次のような訴えも多かった。

　名古屋拘置所の男性（36歳）が、「あまりの制限の厳しくなったことと、外部交通（支援者との）一切が不許可となり、親族との交流はほとんどなく、確定後面会はゼロ（人権救済調査弁護士1回）というような状況で、支えのないという現実は、法律で言う心情の安定とはかけはなれた辛く又は苦痛なものです。」

　「死刑囚の幸福を考えてほしいとは言いません。死刑囚であっても人として必要とする心の支えや、法律で言う心情の安定を支えるための外部交通を（職員が相談や悩みを聞くのが問題とするなら）認めることで、人として死を迎えるその日まで生きてゆくことのできるような法律のあり方を考えてほしいと心から思います。死刑囚であるからこそ、心の支えが必要なのであり、死刑囚であるからこそ罪を悔い改めていけるよう支えてくれる人が必要であると私は思います。」

　今回のアンケートの結果は、3年前と違って長文が多かった。

　そして、前回書いてくれた人のうち11人が執行をされ、6人が獄死している。死刑に処した後、冤罪であることがわかったら、取り返しがつかないではな

いかということも大事なことである。

　わたしは、死刑台から生還をした、つまり死刑の判決が確定をした後、再審によって無罪となった免田栄さんと話をしたり、一緒にヨーロッパ評議会に呼ばれて、話をした。免田さんはあやうく命を失うところだったのだ。

　袴田巌さんも今、DNA鑑定で犯行時の着衣とされたシャツの血痕と彼自身の血液の不一致が問題となり、再審開始に向かって大きく動いていると考える。

　ハンセン病の患者さんが、刑事被告人にされ、当時の偏見で、裁判官はあっという間に判決を出し、死刑に処せられたということがある。この事件が冤罪かどうか徹底的な検証が必要だと思う。

　大逆事件について、1961年に坂本清馬氏が刑死した森近運平さんの妹栄子さんと共同で東京高裁に再審請求を行なった。この再審請求審には合計108点の新証拠が提出され、えん罪であることが明らかになるのではないかと期待をされた。しかし、残念なことに、1965年東京高裁の、1967年には最高裁の大法廷が再審請求を認めない決定を出した。無念のまま殺された人たちの行為の検証はすべきである。

　ところで、団藤重光先生も書いていらっしゃるが、日本は、平安時代を中心に200年以上死刑の執行がない。島流しはしても命は奪わないのである。

　武士が台頭し、処刑が始まる。鎌倉時代もその後も江戸時代も武士の時代は、死刑がある。日本において死刑がなかった平安時代を思いだすことも必要ではないか。

　わたしは、2010年9月20日新宿区富久町の余丁町児童遊園地内に設置された「刑死者慰霊塔」の前で、日本弁護士連合会と富久町中町町会共催の「刑死者の慰霊祭」に出席をしたことがある。この碑は1964年に日弁連が建てたもので、毎年慰霊祭が行なわれているのである。小さな公園にひっそりと建つ刑死者の慰霊塔。大逆事件の処刑のあった場所であり、また市ヶ谷刑務所ができてから、1915年に廃止になるまでの間、約290人が処刑をされた場所でもある。死刑になったすべての人たちへの慰霊。

　2011年、2012年、わたしたちは、いのちのことを深く考えざるを得ない様々な辛い体験をしている。

　ましてや裁判員裁判が始まって、市民が死刑判決を出すこともあるのだ。

　わたしたちの社会に死刑制度があり、わたしたちはそのことを選択し、そのことを支えている。わたしたちの問題なのである。

　この本が死刑について考える機会になることを期待する。

刊行にあたって

　死刑廃止国際条約の批准を求めるフォーラム90では福島みずほ参議院議員とともに、2011年6月20日に、その時点での死刑確定者120名（判決訂正申立中の方、および審理継続申立中の方を含める）にアンケートを送った。

　フォーラム90が福島議員とともに死刑確定者へのアンケートを実施したのは2008年に続いて2度目である。前回のアンケートを発送した2008年7月以降今回実施の2011年6月までに、14人が死刑を執行され、10人が獄死（うち3人は08年7月以降の新確定者）、新たに38名の死刑が確定していた。

　前回のアンケートは、送った用紙は挨拶状と回答用紙各1枚を送付したのだが、用紙の裏や別紙にも書ききれないほど書いてこられた方もあったので、今回は挨拶状1枚と回答用紙3枚をお送りした。（12頁に掲載）

　今回は、回答を辞退した人を含めて87名から回答を頂き、その一部は10月8日の「響かせあおう死刑廃止の声2011」で朗読された。しかし、限られた時間では死刑確定者の伝えたいことを、十分に伝えることができたとは言いがたい。だから私たちは、2008年のアンケート同様、今回のアンケートもまた出版することにしたのである。

　死刑確定者は伝えたい思いをたくさん持っている。膨大な原稿を書いてきた方もおり、そのすべてを掲載することはできなかった。しかし、その主張は極力くみ取って編集したつもりである。また重い病でアンケートに回答することもできない人がいることも理解している。そして前回は達筆な文字で饒舌に書いていたのに今回文字が乱れたかたは、明らかに病気や加齢のためだろう。

　福島議員と私たちは11月にアンケートに答えてくれた死刑確定者に礼状と10月の集会の記事のコピーなどを送った。そして12月に執筆した死刑確定者へ校正を送り、掲載の確認と校正・訂正などを依頼した。また12月時点で新たに死刑が確定した11人にも追加で同じアンケートを送り、新たに4名の方から回答を得、またアンケートへの回答ではないが福島議員への来信で、本への掲載を了解された1名分も掲載した。また校正の時点で、匿名を希望された方は匿名にした。

　整理しておくと、10月の集会までに87名から返事をいただいたが、そのうちの1名は本人による控訴取り下げを弁護人による審議継続申立により未確定のためアンケートへの回答を辞退、もう1名は家族・被害者遺族の事を思

いアンケートは辞退、手紙の掲載も拒まれたのでこの時点では85名分となる。しかしその後の確定者4名と、手紙を送って来られた方を合わせて90名の確定者の声を掲載した。

　なお、この作業は決して円滑に進んだわけではない。とりわけ、校正段階で、いくつかの拘置所では校正刷りに赤字を入れて返送することを拒み、死刑確定者はわざわざ便箋に訂正個所を書き写して返送せねばならなかった。特に酷いのは名古屋拘置所で、それまでは認められていたにもかかわらず、国会議員であれ死刑確定者との交通権はないといって、13名への礼状の差し入れを拒否し、校正の差入れもまた拒んだ。福島事務所は法務省矯正局と話し合い、行き過ぎがあったことを認めさせ、拒まれた2回の郵便物が入ることになった。一旦回収したものを再発送して入れたのである。こういった陰湿な嫌がらせを、日常的に矯正に携わる刑務官がやっているとするなら暗澹たる気持ちになる。本書で死刑確定者が、罪を犯した自分が拘置所への批判を書く資格があるのと思いつつも、それこそ命がけで拘置所への怒りを書きつづっていることに、私たちは耳を傾けねばならないと思う。

　掲載は確定順に、匿名は後ろに、比較的長い文章は第2部としてその後ろに掲載した。

　もう一つ残念な報告をせねばならない。2012年3月29日、小川敏夫法相が3人の死刑を執行したのである。2010年7月28日、千葉景子法相が2名を執行してから1年8ヵ月目の暴挙だった。そのうちの2人は今回のアンケートに答えてくれた松田康敏さん、そしてアンケート回答を辞退された古澤友幸さんだ。古澤さんはアンケートに関しては回答の辞退を表明されてきたが、匿名男性Dとして掲載することには同意していただいた。彼が執行されてしまった現在、ここに書かれた彼の気持ちを伝えることこそ重要だと私たちは考える。

　また本書に掲載した死刑囚たちの絵画作品は今回のアンケートとは直接の関係はない。これは2005年に第1回の公募を行い、それ以降毎年行われている「死刑廃止のための大道寺幸子基金」に応募され、選考委員に選ばれた受賞作である。応募資格は一審以降死刑判決を受けたものなので、掲載した作品の作者は死刑確定者だけではない。また作品を寄せたのち、死刑を執行された方、獄病死された方もいるから、これらの作品は彼らの残したいのちの絵画である。いずれなんらかの形でまとめられるはずだが、この機会に7年分の受賞作を、死刑囚それぞれの実像を少しでも外部に知らせるために収載させていただくこととした。

（編集部・深田卓）

死刑囚からあなたへ 2011
アンケートへのご協力のお願い

参議院議員　福島みずほ

〒100-8962　東京都千代田区永田町2-1-1
参議院議員会館1111

2011年6月

死刑確定者のみなさま。
　私たちは死刑制度の廃止を願い、さまざまな活動をしてきました。その一つに、マスコミの事件報道に歪められがちな死刑確定者のほんとうの姿について、多くの市民に理解してもらうことがあります。
　残念なことですが、少なからぬ人々が、「凶悪な事件の犯罪者には人権なんかない」と決めつけ、それが、日本の死刑制度を支え、死刑の執行を後押ししています。しかし、死刑確定者も一般市民と同じ、普通の生きている人間に他なりません。それぞれに家族や友人もいれば、笑い、泣く感情を持っていることも変わりません。それを知ったとき、人々は死刑もまた避けるべき「殺人」にほかならないことを改めて理解できることでしょう。

　私たちは、みなさんから、いまいちばん社会の人々に伝えたいことを書いて送っていただき、寄せられたものを、毎年10月10日の世界死刑廃止デー前後に開催している集会での紹介をはじめ、死刑廃止のために発表していきたいと思っています。
　前回、2008年に行ったアンケートで集められた声は、「命の灯を消さないで――死刑囚からあなたへ」（インパクト出版会）の本にまとめられ、死刑制度の再考を促すものとして、報道関係者やこの間の法務大臣らにも手渡されてきました。まだお持ちでない方にはお贈りしますのでご連絡ください。

　自由に、いまおっしゃりたいことを、思っていることを書いてお送りいただけないでしょうか。文章が苦手な方は絵や詩のような形での表現も歓迎します。事件のこと、裁判のこと、被害者のこと、愛する人のこと、事件を報じたメディアについて、など、何でも思っていることを記していただければと思います。
　また、それぞれの方のおかれている状況を、正確に把握しておきたく、いくつかの質問事項を別紙に掲載しました。このアンケートにもぜひご協力ください。

　今回の締切は8月末日とさせていただきますが、なるべく早めにお返事を頂ければありがたいです。
　寄せられた声の全てをそのまま発表することは、時間や紙面の制約で、できないこともありますが、みなさんの一番訴えたいことをうまく伝えていくため、惜しまず努力しますので、どうぞよろしくお願いします。

死刑囚からあなたへ　2011
アンケートにご協力ください

この用紙の裏や、通常使用している便箋でご回答いただいてもかまいませんので、その場合は質問番号をご記入ください。
２，３以下の選択肢のない質問については、思っていることがあれば自由にご記入ください。

1-1　お名前

1-2　住所（今いる拘置所名）

1-3　生年月日　　　　年　　　　月　　　　日

1-4　今、いちばん訴えたいことをお書きください。

2 あなたの裁判について

2-1-1 最高裁判決　　　　年　　　月　　　日

　2-1-2 または控訴・上告を取り下げた日　　　年　　　月　　　日

　2-1-3 その理由

2-2 弁護人の名前

　2-2-1 一　審（　　　　　　　　　　　　国選・私選）

　2-2-2 二　審（　　　　　　　　　　　　国選・私選）

　2-2-3 最高裁（　　　　　　　　　　　　国選・私選）

　2-2-4 確定後（　　　　　　　　　　　　）

2-3 再審請求について

　している（　　　年　　　月　　　日　第　　　次再審申立）
　していない・今後する予定
　以前していた（　　　年　　　月　　裁判所により第　　　次再審請求棄却）

2-4 恩赦出願について

　している（　　　年　　　月　　　日　出願）
　していない　・今後する予定。
　以前していた（　　　年　　　月　　却下）

2-5 日本の司法について言いたいこと

　2-5-1 裁判官に　　2-5-2 検察官に　　2-5-3 弁護人に　　2-5-4 法務大臣に
　2-5-5 拘置所長・職員に　　2-5-6 支援者に　　2-5-7 その他の人に

3 あなたの処遇について（感想や要望など）
3-1 衣食住の状態について

3-2 外部交通について
 3-2-1 面会
  ある（・家族　　　人・弁護士　　　人・友人　　　人　・その他〔　　　　〕人）・ない
 3-2-2 文通
  ある（・家族　　　人・弁護士　　　人・友人　　　人　・その他〔　　　　〕人）・ない

3-3 医療や健康について
 3-3-1 定期的な治療を受けている（病名　　　　　　　　　　　　　　　　　　　　　　）
 3-3-2 定期的な投薬を受けている（薬品名　　　　　　　　　　　　　　　　　　　　　）
 3-3-3 健康面で不安なことはありますか
  ある（　　　　　　　　　　　　　　　　　　　　　　　　　　　　　　　　　）・ない

3-4 懲罰や不服申立について
 3-4-1 懲罰を受けたこと　・ある・ない
 3-4-2 不服申立や視察委員会への投書の手続きをしたこと
  ・ある（①審査の申請　②事実の申告　③苦情の申出　④視察委員会への投書）・ない

3-5 その他
 3-5-1 自己契約作業（請願作業）について
  している（どんな作業ですか　　　　　　　　　　　　　　）・していない
 3-5-2 教誨について
  受けている（宗教　　　　　　　　　　　　　　　　　　　）・受けていない

3-6 獄中生活で、いちばん楽しいこと、うれしいことはなんですか。

3-7 獄中生活で、いちばん苦しいこと、つらいことはなんですか。

3-8 最近（この２年間程度）の処遇の変化で、よくなったことはありますか。

3-9 最近（この２年間程度）の処遇の変化で、悪くなったことはありますか。

4 記入日　　　　年　　　　月　　　　日

● ご協力ありがとうございました。
● ご自身の写真や自画像等がありましたらお貸しください。ご意見を紹介する際に、集会での投影や、冊子での挿絵として使わせていただきます。前回にお借りしたものについては、データを保管していますので、再送無用です。

死刑廃止のための大道寺幸子基金表現展受賞者

第1回 (2005年)
優秀作品　河村啓三「こんな僕でも生きていていいの」（ノンフィクション）
　　　　　　　※インパクト出版会より刊行
　　　　　澤地和夫「死刑囚物語――獄中座禅20年」（ノンフィクション）
　　　　　　　※彩流社より刊行
佳作　　　金川一　絵画作品
　　　　　西山省三「死刑囚の先輩」「狂犬の願い」（詩）

第2回 (2006年)
優秀作品　庄子幸一（ペンネーム響野湾子）　詩・短歌・俳句作品
奨励賞　　岡下香　絵画作品3点

第3回 (2007年)
奨励賞　　迫康裕「悠遠」など全絵画作品
　　　　　河村啓三「生きる――大阪拘置所・死刑囚房から」（ノンフィクション）
　　　　　　　※インパクト出版会より出版されました。
　　　　　庄子幸一（ペンネーム響野湾子）　書表現を含めた短歌・詩全体の表現
問題作　　萬谷義幸「手記」

第4回 (2008年)
優秀賞　　松田康敏　2点の絵画
敢闘賞　　金川一　絵画4点
努力賞　　謝依俤　10枚組の墨絵
　　　　　後藤良次　短歌・詩作品
特別賞　　澤地和夫「死刑囚を生きる」（ノンフィクション）

第5回 (2009年)
優秀賞　　謝依俤　絵画作品
奨励賞　　小林竜司　絵画「変わらぬ風景」「今日の朝食」、
　　　　　高尾康司　全絵画作品
　　　　　風間博子　絵画「無題」、
　　　　　高橋和利「冤罪が作られる構造」（ノンフィクション）
　　　　　　　※インパクト出版会より『鶴見事件　抹殺された真実』として刊行
努力賞　　高橋和利「2010年カレンダー」
　　　　　金川一　4点の絵画作品
　　　　　西山省三　短歌のうち一首「十六年ぶりに会う十八の娘『なんで殺したん』と嗚咽する」
技能賞　　響野湾子こと庄子幸一　俳句と短歌

第6回 (2010年)
優秀賞　　風間博子　絵画「無実という希望・潔白の罪」「博愛」
奨励賞　　松田康敏　絵画「タイムスリップ あの時代へ」
　　　　　宮前一明　絵画「思惟の慟哭」
　　　　　星彩（筆名）小説「七日間の灼熱ドライブ」
　　　　　蒲公英（筆名）小説「無題」
努力賞　　北村孝紘　絵画作品
　　　　　高橋和利　絵画作品
技能賞　　響野湾子こと庄子幸一　詩歌
敢闘賞　　原正志　絵画作品

第7回 (2011年)
優秀賞　　河村啓三「落伍者」（ノンフィクション）
奨励賞　　星彩（筆名）小説「メモリーず」
　　　　　松田康敏　絵画「生死の境」
　　　　　謝依俤　絵画全作品
努力賞　　西山省三　2句
　　　　　北村孝紘　絵画2点
持続賞　　響野湾子こと庄子幸一　詩歌全作品

死刑廃止のための
大道寺幸子基金絵画部門受賞作品
（2005〜2011年）

作品サイズは天地 × 左右、ミリ、年は応募した年です。
複数点数受賞している場合でも、紙幅の都合で全点を掲載していない場合があります。

②

2. 岡下香「司法界のバラ」2006年　420×297　奨励賞　●岡下香さんは2008年4月10日に死刑執行された

17

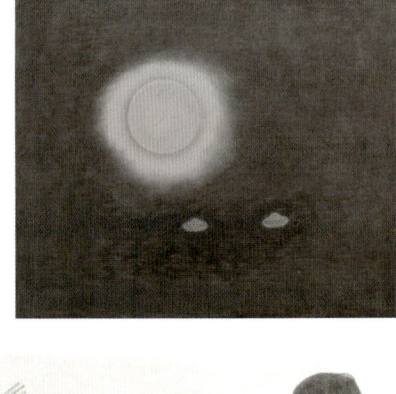

1. 金川二「無題」2005年　258×182　佳作
2. 迫康裕「悠遠」2007年　320×430　奨励賞
3. 迫康裕[写経と孫]2007年　257×364　奨励賞
4. 迫康裕[写経押し絵・多聞天像]2007年　375×266　奨励賞

⑧

8．松田康敏「17歳時に育てた山野草」2008年　297×210　優秀賞　●松田康敏さんは2012年3月29日に死刑執行された

⑦

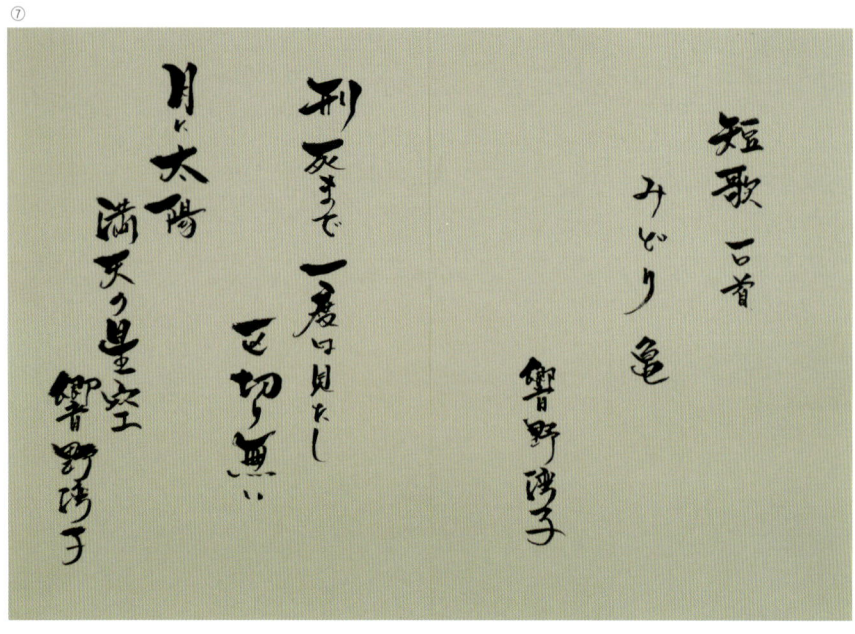

短歌 二首
みどり亀
響野湾子

刑死まで 一寿は見たし 区切り無い
月に太陽 満天の星空
響野湾子

⑥

殺めたる 人の飼いたる みどり亀
その目が 死目の 今見ている
響野湾子

6．響野湾子（庄子幸一）「みどり亀」2007年　364×247　奨励賞
7．響野湾子（庄子幸一）「みどり亀」2007年　247×364　奨励賞
9．松田康敏「闇夜に咲く白いボタン」2008年　210×297　優秀賞

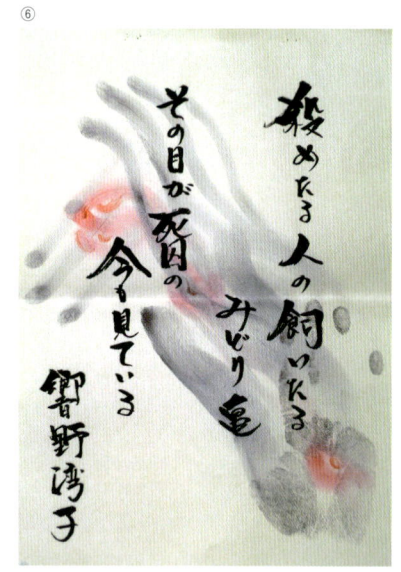

⑨

⑩ 金川一「にっこうきすげの花」2008年 297×210 敢闘賞

⑪ 金川一「うさぎぎくの花」2008年 297×210 敢闘賞

⑫ 金川一「赤富士」2008年 297×210 敢闘賞

⑬ 金川一「少女」2008年 297×210 敢闘賞

14. 小林竜司「変わらぬ風景」2009 年　色紙　奨励賞
15. 小林竜司「今日の朝食」」2009 年　色紙　奨励賞
16. 高尾康司「無題」2009 年　157×182　奨励賞
17. 高尾康司「無題」2009 年　157×182　奨励賞

18. 高尾康司［無題］2009年 257×364 奨励賞

19. 高尾康司［無題］2009年 257×364 奨励賞

20. 高尾康司［無題］2009年 257×182 奨励賞

21. 高尾康司［無題］2009年 257×182 奨励賞

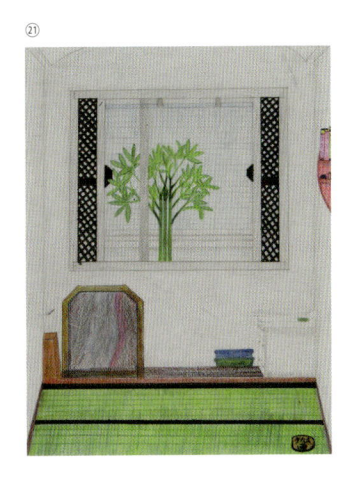

22. 高尾康司「無題」2009 年　297×210　奨励賞
23. 高尾康司「若葉」2009 年　297×210　奨励賞
24. 風間博子「無題」2009 年　265×380　奨励賞

㉕

お元気ですか！
二〇一〇年カレンダー

㉗

㉖

25〜29．高橋和利「2010年カレンダー」2009年　努力賞。
全15枚中、表紙と春夏秋冬各一枚を選んだ。

㉙

㉘

25

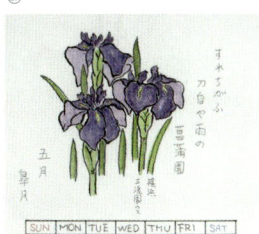

31. 金川一「ネコ」2009 年　297×210　努力賞
32. 金川一「たきの風景画」2009 年　297×210　努力賞
33. 金川一「リスの画　」2009 年　297×210　努力賞
34. 金川一「ビクーニャ」2009 年　297×210　努力賞

30. 謝依佾「無題」16枚組　2009年　優秀賞
36. 風間博子「博愛」2010年　380×540　優秀賞

27

35. 風間博子「無実という希望・潔白の罪」
    1080×380　2010 年　優秀賞
37. 松田康敏「タイムスリップ　あの時代へ」
    2010 年　1010×1160〔A4・16 枚〕奨励賞
38. 宮前一明「思惟の慟哭」
    2010 年　1350×650　奨励賞

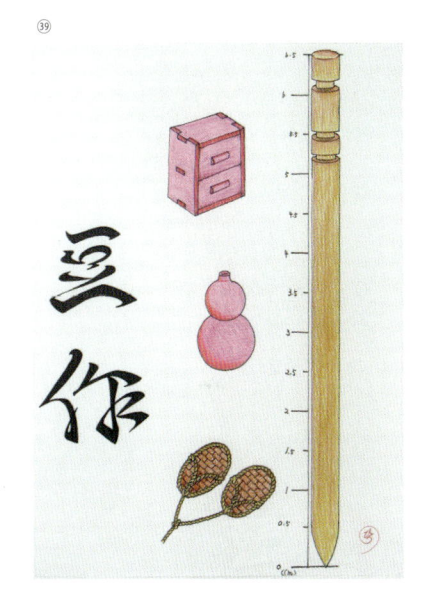

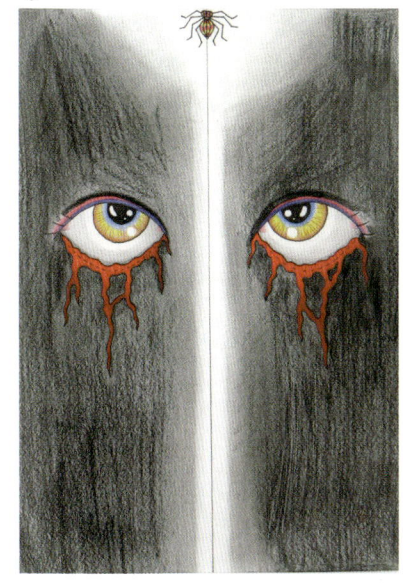

39. 北村孝紘 「豆作」 2010年　297×210　努力賞
40. 北村孝紘 「福茶」 2010年　297×210　努力賞
41. 北村孝紘 「神のなげきと救いの糸」 2010年　297×210　努力賞
42. 髙橋和利 「もやし」 2010年　270×160　努力賞

43. 高橋和利「帰雁」2010 年　380×270　努力賞
44. 高橋和利「大根」2010 年　380×270　努力賞
45. 原正志「蘭・笑顔の行方」2010 年　358×278　敢闘賞
46. 原正志「鉄格子の中の少女―愛と平和」2010 年　297×420　敢闘賞

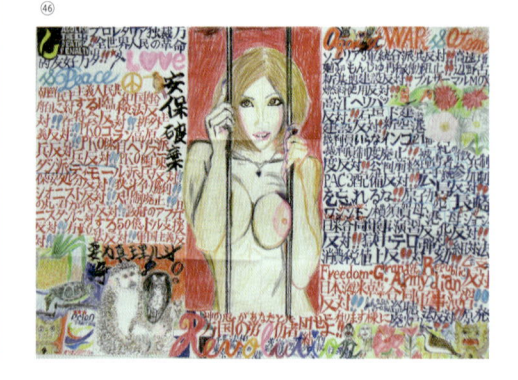

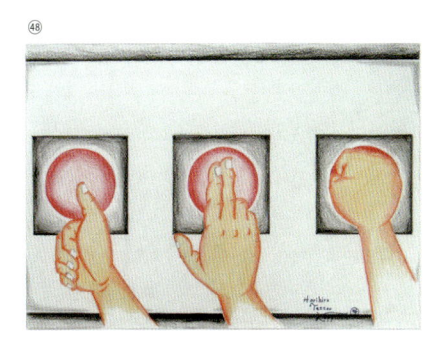

47. 北村孝紘「無題」2011年　297×210　努力賞
48. 北村孝紘「無題」2011年　210×297　努力賞
49. 謝依俤「無題」2011年　210×297　奨励賞

50. 謝依俤「無題」2011年　A4　2枚張り合わせ　奨励賞
51. 謝依俤「無題」2011年　A4　18枚張り合わせ　奨励賞
52. 松田康敏「生死の境」2011年　A4　20枚張り合わせ　奨励賞

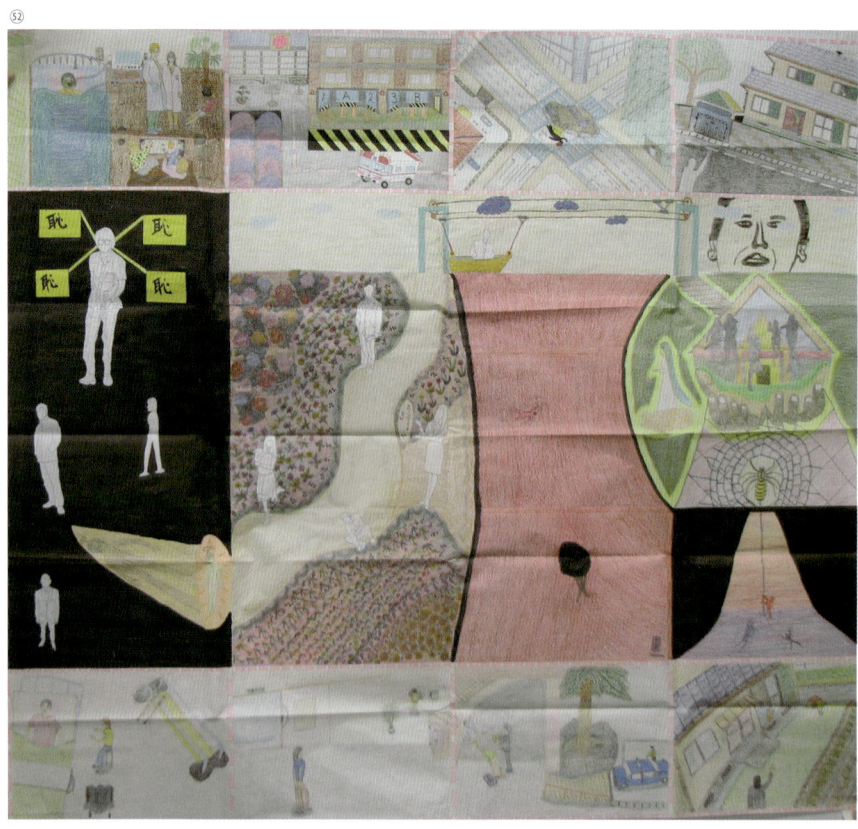

死刑囚からあなたへ

奥西勝（85歳　名古屋拘置所）

名張毒ぶどう酒事件（1961.3.28）
1926年1月14日生まれ
1964年12月23日　津地裁（小川淳）にて無罪判決
1969年9月10日　名古屋高裁（上田孝造）にて死刑判決
1972年6月15日　最高裁（岩田誠）にて上告棄却、死刑確定
2005年4月5日　第7次再審請求が認められ再審開始が決定
2006年12月26日　検察の異議申し立てで再審開始取消決定
再審開始決定書は『年報・死刑廃止2005』に全文掲載されている。

調書はイウ導と強要によるもので事実と全くちがいます。
やっておりませんので1日も早く再審開始して無罪を決定して下さい。

大道寺将司（63歳　東京拘置所）

連続企業爆破事件（1971.12〜75.5）
1948年6月5日生まれ
1979年11月12日　東京地裁（簑原茂広）にて死刑判決
1982年10月29日　東京高裁（内藤丈夫）にて死刑判決
1987年3月24日　最高裁（伊藤正己）にて上告棄却、死刑確定
「共犯」は「超法規的措置」により国外へ。再審請求中。交流誌「キタコブシ」。著書に『明けの星を見上げて』（れんが書房新社、1984年）、『死刑確定中』（太田出版、97年）、句集に『友へ』（ぱる出版、2001年）、『鴉の目』（海曜社、07年）、『棺一基　大道寺将司全句集』（太田出版、2012年）がある。

　3月11日の大震災の被災者の姿や声は、否応なしにぼくが三菱重工本社などを爆破して殺傷した方々、その関係者と重なります。自然災害とぼくがなしたことは同じ次元で語られるものではありませんが、あらためて己の加害者性をつきつけられ自己批判しています。被害者の方々には心から謝罪します。
　今回の震災に遭われた方々にはなんとか希望を見出してほしいと念じます。

註・年齢、再審の状況などは2011年12月31日現在のものです。

これまで原発訴訟で国側の言い分のみを認めて原発安全説に与してきた数多の裁判官は、今回の東電福島の原発事故をどのように受け止めているのでしょうか。原発訴訟に限りません。刑事事件にしても民事事件にしても、国側の主張ばかりを受け容れる裁判官がいかに多かったか（Tシャツ訴訟では原告の主張を受け止めた何人もの裁判官がいましたが）。
　今回の原発事故を機に裁判官が姿勢をあらためることを念じます。

浜田武重（84歳　福岡拘置所）

　3連続保険金殺人事件（1978.3〜79.5）
1927年3月10日生まれ
1982年3月29日　福岡地裁（秋吉重臣）にて死刑判決
1984年6月19日　福岡高裁（山本茂）にて死刑判決
1988年3月8日　最高裁（伊藤正己）にて上告棄却、死刑確定
3件中2件については無実を主張。再審請求中。
人生記を『死刑囚からあなたへ』（インパクト出版会、1987年）に、上告棄却への怒りを『死刑囚からあなたへ2』（同、90年）に執筆。

再審請求について　今まで5回出したけどダメでした。もうしません。

渡辺清（63歳　大阪拘置所）

　4件殺人事件（1967.4.24〜73.3）
1948年3月17日生まれ
1975年8月29日　大阪地裁（大政正一）にて無期懲役判決
1978年5月30日　大阪高裁（西村哲夫）にて死刑判決
1988年6月2日　最高裁（四ツ谷巌）にて上告棄却、死刑確定
2件の無実を訴え、2011年12月、第7次再審請求。
歌集に『星よ輝け』（私家版、1988年）がある。事件については「放浪・殺人・冤罪」を『死刑囚からあなたへ』（インパクト出版会、87年）に執筆。

　取り調べ調書など、一度自白した供述調書は裁判ではなかなか覆すことは難しく、私の場合は4件中2件の無実を訴えているのですから尚更です。

第一審裁判所は、「被告人と同犯行を結びつけるべき直接の証拠はなく、この点は一にかかって被告人の自供によるほかはないところ、被告人は捜査、公判の各段階を通じ、一貫してこれを認めている。」として有罪にしましたが、私は、捜査段階から控訴審の終結までに何回か真相を申し上げようという気持になったことがあります。その都度思い止まったのは自白の内容が真実だから認めたのではなくて「裁判の途中で自供を取り消したり変更したりすれば裁判官の心証を悪くすることになって改悛の情を疑われるから絶対に最初の自白を押し通すように」という刑事からのアドバイスに従ったからです。
　その結果、一審は無期懲役の判決でした。
　私が第2の事件とされている男娼殺しの犯行現場に出向いたことを否定する確実な証拠は無数にあります。その幾つかをあげてみますと、犯行現場に遺留された犯人の足跡痕が10文3分の鳶足袋によって印象されたという犯行直後の鑑識経過表の記載と私の文数11文とでは一致しないこと。また、犯行に使用したとされる凶器の果物ナイフですが、犯行現場の写真を見せられて無理やり自白を迫られたとき、私はたまたまパチンコ遊びに行っていた時、近くの金物店の店先に並んでいた果物ナイフを思い出して、苦しまぎれに自供したら、それを刑事が150円位で買って来て証拠にしているのです。
　従って、犯行に使ったとされる凶器と似てはいますが、実際に使用した凶器ではないので傷口が一致しないのは当然なのです。
　因みに、犯行直後の遺留足跡痕を採取して鑑識した警察官は、一審公判証言で「犯行現場の土の固さから見て誤差は最大限2分までで10文半以内の足の大きさである」旨証言しておりました。
　しかし10文3分では私を犯人には出来ないので、一審公判の途中で検察官と私を取り調べた刑事達の偽造（「鳶足袋印象痕の検査結果について」と題する捜査報告書）によって、犯行現場の足跡痕は10文7分または11文と推測される等と証拠を勝手に変更（変造）されてしまいました。
　最近は、検察官や警察官の不当な取調べが新聞などで表面化するようになりましたが、以前では考えられないことでした。

石田富蔵（90歳　東京拘置所）

2女性殺人事件（1973.8.4/74.9.13）
1921年11月13日生まれ
1980年1月30日　浦和地裁（杉山英巳）にて死刑判決
1982年12月23日　東京高裁（菅間英男）にて死刑判決
1989年6月13日　最高裁（坂上寿夫）にて上告棄却、死刑確定
1件の強盗殺人事件の取調べ中に他の傷害致死事件を自ら告白、これが殺人とされた。前者の強盗殺人事件は冤罪を主張。
手記「生きて償いたい」を『死刑囚からあなたへ』（インパクト出版会、1987年）に、再審への思いを『死刑囚からあなたへ2』（同、90年）に執筆。

　私は右半身不随で特に肩から腕・肘・手首・手指に至る迄、麻痺の障害に悩まされており、場所柄総て筆記が生命線であり、筆記具（ボールペン）を握る事が出来ず、医務での診察・錠剤・軟膏など至れり尽くせりの薬を飲塗し死に物狂いに治療に専念し、辛うじてボールペンを握れるようになりましたが、握力が微力なために筆記中にボールペンが手指から外れてしまうので、休み休み手指を揉みながら拙ない字体で読み憎いでしょうが、何んとか曲がりなりにも頑張って居る昨今です。
　従って現在に至るも食事の時に箸は全然使えず匙（スプーン）を使用しており、衣服の釦の嵌め外しに難儀しておりますが、其の他は快調ですので何卒御休心下さい。

藤井政安（69歳　東京拘置所）

関口事件（1970.10～73.4）
1942年2月23日生まれ
1977年3月31日　東京地裁（林修）にて死刑判決
1982年7月1日　東京高裁（船田三雄）にて死刑判決
1989年10月13日　最高裁（貞家克己）にて上告棄却、死刑確定
旧姓関口。第2次再審請求中。

　総量規制で3/11を経て4/末～5/7が最終整理となり、貴重な新証拠が発見された。宅下げ処理しなんとかしたものの、その厖大な書類量の管

理に老人性健忘が災いして苦労している。スキャナー、パソコン、プリンタの使用許可を求めたが、不許可である。1ギガ～2ギガバイト程度で全量管理できるので、是非、総量規制上からも使用させてくれ…と訴えている。実は、転居で書類を運ぶたびに滑り椎間板が悪さをし約10日間は、全身に意味不明の症状がでて苦しむため、是非パソコン化し書類をへらしたい。交通制限で再審費用を稼げず。総量規制で内職もできなくなり、再審闘争に危険信号！　仏画等で裁判費用も稼げる昔の未決に準ずる処遇に戻すべきである。これでは再審権、恩赦権は画餅となる。お金を稼げない新法は憲法違反ではなく事実上の憲法改悪である。　合掌

■ **宇治川正**（60歳　東京拘置所）
2女子中学生殺人事件等（1976.4.1）
1951年6月29日生まれ

1979年3月15日　前橋地裁（浅野達男）にて死刑判決
1983年11月17日　東京高裁（山本茂）にて死刑判決
1989年12月8日　最高裁（島谷六郎）にて上告棄却、死刑確定
旧姓田村。覚醒剤の影響下での事件。再審請求中。

花を見て花を愛ずる人枯らす人又花を咲かす人心色々

金川一（61歳　福岡拘置所）

主婦殺人事件（1979.9.11）
1950年7月7日生まれ
1982年6月14日　熊本地裁八代支部（河上元康）にて無期懲役
1983年3月17日　福岡高裁（緒方誠哉）にて死刑判決
1990年4月3日　最高裁（安岡満彦）にて上告棄却、死刑確定
無罪主張。再審請求中。人生の大半を施設、少年院、刑務所で暮らした人生記を『死刑囚からあなたへ』（1987年、インパクト出版会）に、確定後の所感を『死刑囚からあなたへ②』（1990年、同）に執筆している。
大道寺幸子基金表現展絵画部門で、第1回佳作、第4回敢闘賞、第5回努力賞を受賞。

　私も死刑囚の実(み)になり長くなりますが、死刑囚の実での一日の生活は苦しくもあり、元気で生きられている事も大切な生活のひとつではないかと思います。刑の執行とゆう者もありさまざまな一日の生活の中で私たち死刑囚は生きています。
　人の命は一度しかないのです。現在の法務大臣さんも死刑執行を廃止

「はり絵の菊の花」第1回大道寺幸子基金表現展（2005年）応募作品

する仕事もひとつではありませんか。私たちには、現在、裁判がはじまる日がいつになるか分からない中私は今再審請求を出している者です。命をもっと大事にすることは私たち死刑囚も同です。大臣でも人の子です。私たちの命をもっと大切にしてほしかと思います。

　今後もフォーラムなどでの集会などもひらかれると思いますが、私たちもガンバッテ、応援していこうと思いますので、どうか最後まで、応援よろしくお願いします。

　（アンケートについて）この件についてはむづかしいので分らんです。申し訳ございません。

佐々木哲也（59歳　東京拘置所）

両親殺人事件（1974.10.30）
1952年9月14日生まれ
1984年3月15日　千葉地裁（太田浩）にて死刑判決
1986年8月29日　東京高裁（石丸俊彦）にて死刑判決
1992年1月31日　最高裁（大堀誠一）にて上告棄却、死刑確定
無実を主張。再審請求中。

　後遺症のため乱筆で失礼します。
　〝極悪非道〟な親殺しの〝犯人〟にされて36年立ちました。当時、私は70年代前半の挫折感を引きずっていて、警察なんか交通整理でもしていればいいのにと拗ねた気持を抱きながら日々を送っていました。そして日々の仕事にも熱意を持てずにつまらない失敗を重ねながら、ある女性に逃避していました。
　そんな中で事件が起きました。その時、私は警察に事件の発生を伝え、事の是非を問うということをしませんでした。私は警察などに家族の内面を覗かれたくないと思いました。そして真当な善後策も講じないまま母との話もそこそこに家を出て、事件直後の母を見捨ててしまいました。
　その時、私は自分にどんな気持があったにしても、どんな母であったにしても、一緒に居て上げることが一番、必要でした。それができませんでした。

それによって私が〝犯人〟と思われてしまうことは私にもその原因の一端があるとは思いますが、この事件では母は父の事件後も生き残っており、提出された「証拠」の中には事件後の母の生存を示す「証拠」がそれぞれ関連し合って存在しています。
　私はこれら「証拠」には証拠相互間に関連性があり、母殺害の訴因に明らかな事実誤認があることを示していますので、正当な評価を望みます。

　再審法の整備を求める（ルールなき審理の改善必要）
　再審請求審では審理方式にほとんど規定がなく、裁判所によって審理の進め方に幅があり過ぎます。
　また、検察官手持ちの「証拠開示」のルール化が審理上、公正なのにこれも進んでいません。
　これはもうルールなきに等しい審理であり、審理の進め方などを定める法律の整備が課題になっているのは明白なのに、その様な議論が活発化しているとのニュースも聞いていません。
　審理方式の規定、検察官関与のあり方、証拠開示、通常事件並みの事実調べの保障、公開性等について法的な整備がなされることを期待します。

猪熊武夫（62歳　東京拘置所）

山中湖連続殺人事件（1984.10）
1949年7月2日生まれ
1987年10月30日　東京地裁（中山善房）にて死刑判決
1989年3月31日　東京高裁（内藤丈夫）にて死刑判決
1995年7月3日　最高裁（大西勝也）にて上告棄却、死刑確定
2011年5月　第7次再審請求。
「なぜ事件を起こしてしまったのか」を『死刑囚からあなたへ2』（インパクト出版会、1990年）に執筆。

　現状の役人を見ていますと、いかに『旧法に戻すか』に血眼に成っており、その証拠に『法の無力化』を図るべく「通達」や「内規命令」等の乱発、乱用は目に余るものがあります。その結果として「役人のやり放題」に発

展している事だけは間違いありません。そこで、

　①第1に、実効性、速効性のある第三者による（法務省ではなく「政府の外局」）「人権侵害救済機関の早期設立」であり、これなくして、「役人の意識改革」は望めません。「人権侵害の９０パーセント近くが塀の中で発生している」という事実、重く受け止めて欲しいですね。

　②第2に、上記に関連し「省令」、「通達」、「内規命令」等、チェック制度の創設。すなわちその公的文書が「法の趣旨に合致しているか否か」又は「差別処遇を生む内容に成っていないか否か」等々であり、そうしないと所長裁量でどうにでも悪用されてしまい、すこぶる深刻な問題であります。これが「法の無力化」の元凶と言っても過言ではありません。「責任」をもたせるため「発令者」の氏名を入れさせるのも一法かも知れませんね。尚、同制度は国会の参院内に設けてもいいし、でなければ参議院の存在意義がありませんし、加えて「事業仕分け」同様、この様なものは政治家が真の「政治主導」を発揮し、「ヤル気」さえあれば、いくらでもできるのです。この制度創設も不可欠で、これだけでも塀の中の「人権侵害」はかなり減少するものと確信します。

　③第3に、「裁検交流」の禁止。現状はここに刑事施設までからんでおり、これでは到底「公正、中立性」の担保は望めません。加えて「人権意識」に対する裁判官の教育も不可欠で、こうしたことも政治家の責任として取り組んで欲しいですね。例えば「国際人権規約」の尊重を義務付けさせるだけでもいいと思います。

　④第4に、現状は検察をトップとした法務官僚の権力が強大すぎ、政治家と法務官僚との地位が逆転してしまっている様にも見えます。よって人事制度の在り方を見直すと共に、他方官僚は完全な職制にし、あくまでも政治家のサポート役に徹しさせるべきです。いずれにしましても、現状の如く政治家より官僚優位、又は上位は本末転倒であり、以上各号の課題について、直ちに取組んで欲しいと願って止みません。

　⑤あと一点余談として、「行政文書取得」に３ヶ月以上かかったり、又「郵送物」や交通権者の「交替申請」に対し（この点、今まで許可されていた相手方の逝去や病気、親の介護等家庭の事情等で、相手より交通を断わられる場合が当然出て来ます）、そこでその代替者を探し、「代替者申請」をし直しますと「審査中」とか「保留」として半年〜１年位放置されてしま

います。とにかく現状の役人というのは「くだらない悪知恵」ばかりで、当事者のことは考えません。結局これも密室の中で監視なくば当然の帰結と言えるのでは無いのでしょうか。「半年ないし1年放置」ですよ。こんなもの何の妥当性も正当性、合理性を見い出すことはできません。単に「いやがらせ」であり、これが現実なのです。

　☆《総論》⇒何でもいいので公正、中立、かつ実効性のある救済制度を至急設置して頂きたく、その事を強く願い、求めます。

　◎『差別処遇』の是正について
　当件に関し、平成23年3月31日付、東拘視察委員会発行の「小菅新聞」によれば、死刑確定者に対して（親族外）「外部交通権者の枠が概ね3名から5名になった」と明確に公表されており、事実月5回も6回も面会ある者が〝5名〟に拡大されており（個人誌「キタコブシ」、「ごましお通信」、「独居通信」等にて確認済）、反して私の如く「10年以上面会一つ無い」者が恣意的に〝たった2名だけ〟という事実があり、これでは職員との信頼関係の構築は不可能であり、この様な「差別処遇」は、日々すこぶる苦痛です。
　しかもその理由が、所長の「サジ加減」や「気分次第」、あるいは「見せしめ的制裁」なのだそうです。すでに『公正、平等処遇する様に云々…』旨、数10回以上申出ているのにもかかわらず一切「聞く耳もたず」であり、そしてここで大きく問題は、この様な理不尽な対応が、塀の中では「当然の如くまかり通ってしまっている」という所に異常と共に問題の深刻さがある訳です。尚、ちなみに申し上げておきますと、私は処遇困難者ではありませんし、事故的なことも一切起こしておりません。なのに、なぜこの様な理不尽な対応を受けなければならないのでありましょうか。密室の中で監視なくば、当然の帰結であり、その対策を強く要望します。尚、本来「承諾書」など必要無く、なぜなら「検閲」があり、面会も立会いがつくからであり、よって本来なら「承諾書」など不要ですが、私はきちんと取得して、添付しておりますしかし未だ「保留」でありその点、政治家の皆様方には、「もっとしっかりせいっ！」と言いたいですね。

山野靜二郎（73歳　大阪拘置所）

不動産会社連続殺人事件（1982.3）
1938年7月31日生まれ
1985年7月22日　大阪地裁（池田良兼）にて死刑判決
1989年10月11日　大阪高裁（西村清治）にて死刑判決
1996年10月25日　最高裁（福田博）にて上告棄却、死刑確定
2010年11月　第3次再審請求。
著書に『死刑囚の祈り』、『死刑囚の叫び』（ともに聖母の騎士社、1999年）がある。

　私の事件と取調べと裁判の全容を書かねば、理解をしてもらえないことは分かってます。しかし、それには膨大な字数が必要となる為、ここでは、極く簡潔に述べます。
　私は会社経営者でした。商契約の相手が、悪質な契約違反をし、多額な金を支払わない為、私が強く抗議したところ、相手が暴力を振るってきた為、反射的防御反撃をし、死亡させてしまいました。正当防衛との主張はしてませんが、１００歩譲って過剰防衛を私は認めています。相手側の役員の背任が絡んで、金が動く複雑な事件となりました。警・検は、私が金を奪う目的で相手を殺害した強盗殺人罪だとする調書を、暴力取調べで作文し、その調書を全面偏重した裁判所が死刑判決を出すに至りました。
　以上が、ざっとした事件と取調べと裁判の内容ですが、ここでは、これ以上の詳述はしません。私が訴えたいことは、以下のことです。
　「冤罪」とは、無実・無罪のことだという通念が世間にありますが、私の様に、防衛事件を強盗殺人罪にすり変えられてしまうのも、私は、明らかに冤罪であると訴えてきております。
　しかし、無実・無罪主張には、裁判所も弁護士会も世間も注目し、丁寧に扱いますが、私の事件の様に「殺したことは事実じゃないか」ということが、まず、前提となりますと、モチベーションが減退するのかもしれませんが、熱心にはなってもらい難いのかな、という思いも致します。私にすれば、事件の真相、真実を正しく判定してもらえれば、有期刑以上の罪にはならない確信があります。私は、獄中30年目です。正しく判定されておれば、とっくに社会へ復帰出来ています。なのに、死刑確定者として、命が風前の灯状態におかれています。私の様な罪名冤罪者の救済、救援に

も是非注視し、支援をお願いしたく、強く訴えます。

　(拘置所へ)
　拘置所の所長も職員も、自宅という「私生活」から、拘置所という職場に出勤し、制服を着用すると「公生活」となり、そして、一日の仕事を終えて帰宅すると「私生活」へスイッチを切り替えて解放できます。
　しかし、一方、死刑確定者は、その確定するまでに長年月を拘置所で過ごしてきており、更に確定後も長年月を拘置所で過ごしています。再審請求を認められるという極めて稀な例を除き、ほとんどの確定者は拘置所で死ぬことになります。つまりは、終の棲家なのです。拘置所の職員には職場であっても、確定者にとっては「私生活」なのです。そのところを所長も職員も、はきちがえなく理解と認識をしていただきたいのです。諸外国(死刑存置に限定)では、その点での認識と理解が行き届いており、確定者は塀の中から外へは勿論出ることは厳禁ですが、塀の中では、可能な限りの自由が与えられています。具体的に述べると字数が膨大になるので、省略しますが、どのような処遇かは調べてもらうと解ります。簡潔に申せば、一般の市民と共通した部分が多い自由です。然るに、日本の死刑確定者は、あらゆることに於いて、がんじがらめの規制を強いられ、自由は、ほんのちょっぴりしか許されていません。私がここで具体的に述べなくても承知されていることです。
　拘置所側は、「法律、法令、通達、訓令、規則等に基づいて処遇しており、違反はしていない」というのですが、諸外国もその点では同じく厳しいものですけれども、問題は、裁量と運用に外国と日本とには月とスッポンくらい大きな差があります。
　日本も数年前頃までは、比較的柔軟な裁量と運用を行っていました。ところが、所謂「新法」施行に伴って、ガチガチの杓子定規、四角四面、画一、一律という全くゆとりのない機械かロボットが行うが如き、非人間的な処遇、裁量、運用に大きく様変わりしてしまいました。人と人としての温もりや、優しさ、思いやり等というものが一切失われています。拘置所は、物や人外を収容しているのではなく、人間が人間を預っているのです。
　勿論、法や規則を違えてはならないでしょうが、社会的、人間的な常識、概念、通念というものも尊重する必要があるのではないでしょうか。

収容者は皆同じではなく、それぞれの事情があるのですから、文字で書いてあるとおりにしかしないということでは、あまりにも人として悲しく、寂しい（双方が）と思うのです。

大城英明（69歳　福岡拘置所）

内妻一家4人殺人事件（1976.6.13）
1942年3月10日生まれ
1985年5月31日　福岡地裁飯塚支部（松信尚章）にて死刑判決
1991年12月9日　福岡高裁（雑賀飛龍）にて死刑判決
1997年9月11日　最高裁（藤井正雄）にて上告棄却、死刑判決
2011年6月24日　第3次再審請求。
旧姓秋好。4人のうち3人殺害は内妻の犯行と主張。事件内容は島田荘司著『秋好事件』『秋好英明事件』、ホームページの「WF刊島田荘司」に詳しい。支援者への手紙を『死刑囚からあなたへ』（インパクト出版会、1987年）、『死刑囚からあなたへ2』（同、90年）に執筆。

　2011年6月20日付けで、第2次再審請求特別抗告の棄却決定通知が来た。この第2次は、捜査機関が請求人の衣服に故意に、血液を付着させ、証拠の捏造をしている事実を指摘したので、必ず再審が叶うものと考えていたところ、証拠の写真の検討もなく、「再審開始は実質四審制になるから、それは受容できない」と、あっさり「棄却決定」で、これが裁判かとガックリ!!
　高裁も最高裁も、事件直後に現場で撮影した衣服の血液付着状態と、法廷に提出された衣服の血液の付着状態や量が、誰が見ても大きく異なっているのに、全く、検討さえされなかった。
　第3次は、光文社の協力で事件当時の国鉄筑豊線などの「時刻表」を入手、それを証拠提出したのですが、これで確定判決の犯行時間の認定が崩壊する。犯行時刻が崩壊すれば、そこに1時間の空間が出来るから、請求人の共犯説の正しさを認める以外になくなる。司法に正義があれば、そうなるが、最早、司法を信じる気にはならない。既に、日本の司法は出世本位の伏魔殿かも。一方で、布川事件の再審や袴田氏の事件などの見直しもあり、判事の質と運か？とも想う自分がいる。

神宮雅晴（68歳　大阪拘置所）

警察庁指定115号事件（1984.9.4他）
1943年1月5日生まれ
1988年10月25日　大阪地裁（青木暢茂）にて死刑判決
1993年4月30日　大阪高裁（村上保之助）にて死刑判決
1997年12月19日　最高裁（園部逸夫）にて上告棄却、死刑確定
2011年1月24日　第9次再審請求。旧姓廣田。無実を主張

　福岡拘置所で冤罪を主張する久間三千年氏が死刑執行をされた。
　無念であったと想う。
　家族は死後再審請求をしたという。請求理由は宇都宮地裁で再審無罪となった菅家某氏の証拠鑑定をしたという鑑定人作成の鑑定書を提出したという。
　俗に云う処のDNA鑑定である。久間氏の主張と考え合わせると被害者の血液と一致しないとの結論だ。ならば、別人の血痕であり、ポリスケの証拠捏造も考えられる。久間氏の主張に無理はない。であるのに死刑確定後2年で処刑をされた。この短い期間を何んと説明するのか。仮りに再審決定をし、無実の者を処刑したとなっては誰が責任を取るのか。処刑を命令した法務大臣は誰か。有罪を判決した裁判屋、起訴をした検察屋、逮捕をしたポリスケの責任は、何の様に始末をされるのか。全員殺すべきであると考える。無実の者を処刑して、手前はのうのうと生存をすることなど許されない。全員公開処刑をすべきだ。
　此の様なことが何故立法府で問題にされないのか、立法府が如何に人間の生命などを軽視する機関で在るのか判るだろう。全議員が知恵を出して先の東日本大震災の復興をせねばならないのに、瑣末なことのみにとらわれて、政局争ひを政治と考えている。これからも立法府が如何に人命を粗末にする機関で在るのか判るだらふ。
　みずほさん！　あんたは何しに議員バッチを付けているのか。久間氏の問題を取り上げてこそ議員としての価値感が在る。単にメシを食ひに行く為で在れば議員として何んの価値もない。俺は大阪拘置所の暴行を参議院法務委員会に請願をしたが総て握り潰された。このことから、参議院は当然として議員など鼻クソ程も信用をしていない。いずれにして

も、久間氏の弁護人は何をしていたのかと問いたい。無能な弁護士で在ったと想う。俺の時も証拠の見方も判らぬ弁護士で在ったので、久間氏に同情をする。

（日本の司法に言いたいこと）

裁判官に良く証拠を見ろといいたい。検察官に証拠を隠すなといいたい。弁護人に証拠の見方も判らぬボンクラ連中と定義付けをしたい。法務大臣に事実を握り潰す様なことをするなといいたい。再審請求している者の処刑など絶対にするな。久間氏を処刑した法務大臣は切腹しろ！それが責任の取り方だ。

拘置所長・職員に、今戦争中で在り、其の戦争は更に長く成る。泣きを入れるなよ！

必ず地獄の底に落してやる

村松誠一郎（55歳　東京拘置所）

宮代事件（1990.3.21）
1956年5月17日生まれ
1985年9月26日　浦和地裁（林修）にて死刑判決
1992年6月29日　東京高裁（新谷一信）にて死刑判決
1998年10月8日　最高裁（小野幹雄）にて上告棄却、死刑確定
宮代事件は無実を主張。第8次再審請求中。
母への手紙を『死刑囚からあなたへ』（インパクト出版会、1987年）に執筆。

私の偽物を名乗る者がけっこういるので、（拘置所でも私にそっくりの者がいて3人見かけてる。もっといるはず）

私の名を名乗り、私のかわりにいろいろ手続きしているはず。共犯とされる私の弟もすでに死んでいるのに、公安警視庁の人間が偽裕次郎を演じて獄中に40人いる。

なんで私のようなビップの日本の天皇が監獄のようなところに入れられて逮捕拘禁されて（30年）いるのか法的に不明。ここは日本。

天皇は憲法上（典範その他）、せっ政以上はその地位を降りなければ逮捕・拘禁・訴追されない。（処罰の規定がない）

私は特にナマ天皇ゆえ死ぬまでその地位は降りられない。かくして私設刑務所ぶちこみなま殺しで領土その地をよこせとするしかない。そのあいだ、逮捕前の23年間も含め、50年間を日本ただ使用で稼ぐのが得策とみたのかもしれない米軍。(当時はアメリカ大使館員級扱い=治外法権を家族ともどもされていた)

　日本にいまどうして日本人が一人もいなく、村松一人が日本人として生き残り、あとはみなハワイ系顔や、カナダ系韓国人ばかりなのか。それなのに指紋は半数の数千万人がなぜか日本人だが、50年前にたくさんいた日本人とは体格が全く異なり、みなヨーロッパ白人系。しかしみな日本人のふりし、日本の系譜を乗っ取っている。これは日本に対する侵略(地球の裏側からの)に他ならない。

　ここは監獄ではなく、監獄に見せかけた村松天皇の皇居。(天空カレンダー様式建築)。千代田の皇居のほうは45年前に皇居を廃止した。

高田和三郎(79歳　東京拘置所)

友人3人殺人事件(1972.2〜74.2)
1932年8月17日生まれ
1986年3月28日　浦和地裁(杉山忠雄)にて死刑判決
1994年9月14日　東京高裁(小泉祐康)にて死刑判決
1999年2月25日　最高裁(小野幹雄)にて上告棄却、死刑確定
真犯人は別人と主張。2010年10月、第2次再審請求。高田さんを支援する会から「カナリア」が発行されている

　2003年12月18日、私がさいたま地方裁判所刑事部へ申立た再審請求が2007年7月5日、同地裁第1刑事部で棄却され、同日付決定文に当裁判所の判断と題し、「請求人の請求理由事項は確定判決が採用した各証拠の価値及び事実認定に関する判断につき、自己の見解に基づいて論難するものであるから、それ自体は主張に過ぎず、証拠ではない。」と判示して請求棄却の一因としました。しかし1951年7月26日に行われた最高裁判決(最高裁刑事判例集5巻8号1652頁)で、「被告人の事件に関する意見陳述は事実認定の証拠となる。」と判示され、1979年9月27日の福岡高裁

決定（高裁刑事判例集32巻2号186頁）で、「有罪認定の主要な証拠とされた請求人の自白内容や血液型に関する鑑定結果回答書の信用性に多大な疑念があることを明らかにした主張は、刑訴法435条6号所定の新証拠に該当する。」と妥当な判断が示されています。私が前回第1次再審請求で提出した趣意書(150枚綴)は上記の判例に該当する事項も含めたものです。

なお、上記決定文及びその決定について、私と弁護人が申立た即時抗告を棄却した東京高裁第10刑事部の決定（2010年3月9日付）で、「請求人、申立人の主張事項は、控訴審、上告審で提出した各書面に現われているから、刑訴法435条6号所定の新証拠に該当しない。」と判示されています。

しかし、私が控訴審、上告審で提出した各書面には、死刑判決の理由として採用された2件の公訴事実で示された事件発生時、事件発生現場とされている場所に被害者として指定されている人が存在しなかったという肝心な「逆アリバイ」の事実につき、種々の証拠を示しながら述べてあります。控訴審、上告審各判決は、その事項も含め、事案検討上、枢要な主張事項に対する検討、判断を回避したものです。したがって、その主張事項は未だ審判の対象にされていないわけですから、これが刑訴法435条6号所定の新証拠に該当することは一般的見地から是認されるはずです。2000年2月29日の福岡高裁決定（高裁刑事判例集53巻1号34頁）で、「上告趣意書等で提出した主張であっても、それに対し、明確な判断が示されず、職権調査の対象になったか否か明らかでない場合には、刑訴法435条6号所定の証拠の新規性は失われない。」と当然たる判断が示されました。私は今回の第2次請求でも2010年10月26日付再審請求趣意書（147枚綴）で前述した事項を含む内容の主張を種々の証拠と高裁・最高裁の判例を示しながら行いましたところ、その趣意書提出から7か月間半ほど経過した本年6月9日付で、さいたま地裁第4刑事部から、求意見書が届けられましたので、6月29日付の意見陳述書（16枚綴）3部を同日提出しました。

1976年1月27日、私が熊谷警察署へ別件逮捕されてから私の親族（特に娘）が私の取調主任者であられた警部補（その後警部）などから多大な親切をいただいていたため、私としては捜査や裁判に認められる誤りについて指摘するのは差控えるようにしていますが、手続を進める都度、新たなことを少しづつでも述べなければなりませんので、そのジレンマでも長い間、苦慮しています。

松井喜代司（63歳　東京拘置所）

安中親子3人殺人事件（1994.2.13）
1948年1月23日生まれ
1994年11月9日　前橋地裁高崎支部（佐野精孝）にて死刑判決
1995年10月6日　東京高裁（小泉祐康）にて死刑判決
1999年9月13日　最高裁（大出峻郎）にて上告棄却、死刑確定
再審請求中。

1　公平・公正に正々堂々と証拠に基づく正しい裁判を受けられるように
2　権力の不正、犯罪を追認するような不法な判決を出した裁判官はきちんと処罰できるような法律を
3　人間らしい生活の出来る処遇の実現を

松本健次（60歳　大阪拘置所）

強盗殺人事件（1990.9/91.9）
1951年2月3日生まれ
1993年9月17日　大津地裁（土井仁臣）にて死刑判決
1996年2月21日　大阪高裁（朝岡智幸）にて死刑判決
2000年4月4日　最高裁（奥田昌道）にて上告棄却、死刑確定
強盗殺人の共謀および実行行為を否定。「主犯」の兄は事件後自殺。再審請求中。

　裁判官に言いたいことは、強盗殺人事件の計画が俺れにはできなかったことや主犯格の兄貴が自殺をしていたことを取り調べ官達が隠して1審の裁判公判中まで兄の自殺を隠して、お前が何でも被ぶり男子になれようお菓子・お折詰などを持って来て食べさせたりして、1件めの強盗殺人いと子のHさんの命日も知りませんので取り調べ官の上田靖彦係長さん矢野安則部長さん達がHさんの命日が分からんない分からない俺れが知的障害者のために命日を全然知らなかったので命日ちゃあ何んかいな、と言ったら、上田靖彦刑事係長さんが俺れに命日ば知らんそうかい、命日ちゃあ人が死んだ人のことだようと教えてもらいました俺れが正直でした。土地・建物

売ったお金は1円も受け取っていません。小さい時きから、お父の妹オイチおばさんに5万円を数百回以上は、もらっていたり中学卒業働いたお金を留め込んでいましたので事件の金1円も受け取っていません。松一食堂から土地建物売った兄と愛人Tさん、H、W事件殺人も空手をやっていた兄が2人とも殺害致しましたので犬も兄がGさんから盗んだです。俺れは強盗殺人未遂でした。

　レーダー電波─光線で毎日、外部から設定を全員全面的に俺れの体らだから設定を外ずして下さい！
　レーダーで健康面で不安です！

▍陳代偉（50歳　東京拘置所）

パチンコ店強盗殺人事件（1992.5.30）
1961年2月13日生まれ
1995年12月15日　東京地裁八王子支部（豊田健）にて死刑判決
1998年1月29日　東京高裁（米沢敏雄）にて死刑判決
2002年6月11日　最高裁（金谷利広）にて上告棄却、死刑確定
中国国籍。定住以外の外国人の死刑確定は戦後初めて。主犯格国外逃亡中。取調べ時拷問を受け、自白を強要された。強盗殺人の共謀と殺意の不在を主張。通訳の不備が問題となる。再審請求中。

（獄中生活で一番楽しいこと）
　友人、親族との面会
（獄中生活で一番苦しいこと、辛いこと）
　差別

▍横田謙二（62歳　東京拘置所）

知人女性殺人事件（1999.1）
1949年5月25日生まれ
2001年6月28日　さいたま地裁にて無期懲役判決

2002年9月30日　東京高裁（高橋省吾）にて死刑判決
2002年10月5日　上告取下げ、死刑確定
無期刑の仮釈放中の事件。再審請求中。

　私は現在、確定者で、東京拘置所に在監の身であります。
　事件については初めから納得行く裁判ではなかった。私の主張する事が聞き入れて貰えず量刑不当だったので、現在は弁護士と相談して再審の事を重用しております次第です。

黄奕善（43歳　東京拘置所）

警視庁指定121号事件（1993.10.27～12.20）
1968年12月14日生まれ
1996年7月19日　東京地裁（阿部文洋）にて死刑判決
1998年3月26日　東京高裁（松本時夫）にて死刑判決
2004年4月19日　最高裁（島田仁郎）にて上告棄却、死刑確定
中国系のマレーシア国籍。共犯者は05年9月死刑確定。強盗殺人の共謀と殺意の不在を主張。再審請求中。

　私は東京拘置所に移送されて来た当時（1994年9月7日）は、まだ日本語の読み書きができなかったこともありまして、日本は民主主義の国であることしか何も知りませんでした（現在もまだまだ知らないことばかりですけれど）。それからは、担当職員に日本語の読み書きの教えを求めつつ色々と勉強し始めて、今日に至っております。いまは、日本のことを知れば知るほど、日本という国は「外」と「内」が裏腹であることがわかりました。
　刑事施設の構造や閉鎖性は鬼畜にも優る残酷ぶりは、世界ではナンバーワンですが、収容者の処遇や人権に関する改革は先進国は言うに及ばず、欧米諸国と比べても最低だという。そして、施設内で職員の職務に支障を来すと、千万単位もの国民の血税を投入して改修工事を行なうという。実際にに、平成19年（2007年）2月上旬から（正確な日付はわかりませんが）新庁舎の各階の居室のラジオスイッチの改修工事が行われていました。そもそも、これらの構造は設計当初からわかっていたはずなのに、何でも支

配したいために、職員の職務に支障を来した時、多額の税金を投入して改修すると正に税金の無駄遣いですよ。

　また、この２年間に、何件冤罪事件が発覚したのでしょうか。これらの冤罪は、後で無実とわかってもその権力亡者たち（警察官、検察官と裁判官個人）の責任が問われないから、なくならないわけです。「国賠」で負けても、結局、それは国民の血税ですし、他人の生命やお金であれば知ったことじゃないということなのでしょう。国民は、国家の犯罪への賠償の為に納税したのではないと思います。これらの事を見れば、彼らは国民の血税を使うなどという意識は皆無であることが分かります。今後は、こうした司法官僚の個人の責任を問う方向で法改正を検討して頂きたいものです。

　最後に、与野党の国会議員の先生方に一言申しあげさせていただきたいと思います。

　３月11日に、東日本一帯を襲った東日本大震災は、人々の生活を無残に引き裂いた上に、家族、夫、妻、子供、兄弟、恋人、友人等々。かけがえのない人が大勢失ってしまいました。

　選挙のたびに、候補者は「国家・国民のため」とうそぶいて、有権者たちはその言葉を信じ、期待して貴方方を選びました。今、この国難の時、貴方方は増税とかその事ばかり言います。貴方方は、本当に国家・国民の為に仕事をしているならば、増税を叫ぶ前に、国会議員全員が、一年間必要な経費と秘書の給与だけを引いて、ボーナスも含めて全部国庫に返納すると、それぐらいの気持がなきゃ、国家・国民のためとは言わないでしょう。しかも、「身を切る改革」を触れ込みながら、議員歳費のカットに話を向けると、「政治家にも生活がある」などとぐずぐずぐずぐず言って、身を切るその姿勢はちっとも見えませんでした。

　　代議士の仕事にお金がかかる実態は誰一人否定していません。しかし、時と場合をちゃんと弁えていただきたいものです。一代議士をして、そんなあたり前のこともことも出来ないのでしょうか。結局のところ、口先でごまかして身を切る気がなかったということです。

　自分たちがぬくぬくと高い給料とボーナスをもらい、国民には消費税を払えと、姑息なことばかり考える官僚根性は、叩き直したほうがいいと思います。

岡﨑茂男（58歳　東京拘置所）

警察庁指定118号事件（1986.7/89.7/91.5）
1953年6月30日生まれ
1995年1月27日　福島地裁（井野場明子）にて死刑判決
1998年3月17日　仙台高裁（泉山禎治）にて死刑判決
2004年6月25日　最高裁（北川弘治）にて上告棄却、死刑確定
殺人の被害者2人で3人に死刑判決。再審請求中。

　僕らが犯した事件は、盛岡事件（共犯5名）郡山事件（共犯7名）で判決は、死刑3名、無期4名ですが、盛岡事件を犯した5名にどの位の差があるのでしょうか？　5名全員が死刑判決であれば当然だと思いますが、2件の事件のどちらもリーダーのKとその子分のSの2名は、公判を上手にのり切り無期というのにはどうしても納得が出来ません。

迫康裕（71歳　仙台拘置支所）

警察庁指定118号事件（1986.7/89.7/91.5）
1940年7月25日生まれ
1995年1月27日　福島地裁（井野場明子）にて死刑判決
1998年3月17日　仙台高裁（泉山禎治）にて死刑判決
2004年6月25日　最高裁（北川弘治）にて上告棄却、死刑確定
殺人の被害者2人で3人に死刑判決。再審請求中。
第3回大道寺幸子基金表現展絵画部門で、「悠遠」ほか色紙3点が奨励賞を受賞

　私は今年で拘置所生活が22年になり頭の毛も白くなりました。
　毎日、朝、夕…被害者の方の供養をし、書写をしていますが…私は人を殺していません。殺す場面も見ていません。私は、一審から人を殺していません、殺す場面も見ていませんと、証言してきましたが、どうしても裁判官は迫を死刑にしようと画策していました。
　弁護人は、一審から従属的と弁論して頂きましたが、最高裁で死刑判決を受けました。
　現在、弁護人が迫に就いて頂き争っていますが、結局、従属的と裁判

「訝る」第4回大道寺幸子基金表現展（2008年）応募作

官が納得してくれました。

　確定囚の中には、迫と同様の死刑囚がいると思います。弁護人が、現在意見書を作成しています。1回目。裁判官も人の子、人の親です、鬼ではありません。死刑執行はけっして見せしめにはなりません！

　日本に、一番近い韓国は…死刑は残酷な刑として、死刑廃止になっています。

　福島先生のお陰で、死刑確定囚は勇気を頂き、感謝の気持ちで一杯です。

岡本啓三（53歳　大阪拘置所）

コスモ・リサーチ殺人事件（1988.1.29）
1958年9月3日生まれ
1995年3月23日　大阪地裁（谷村充祐）にて死刑判決
1999年3月5日　大阪高裁（西田元彦）にて死刑判決
2004年9月13日　最高裁（福田博）にて上告棄却、死刑確定
再審請求中。
旧姓河村。著書はすべて河村啓三名で、『こんな僕でも生きてていいの』（インパ

クト出版会、2006 年、大道寺幸子基金表現展第 1 回優秀作品）、『生きる——大阪拘置所・死刑囚房から』（インパクト出版会、08 年、同第 3 回奨励賞）がある。また同第 7 回応募の『落伍者』が優秀賞を受賞、近日刊行の予定。

　日本の死刑囚に対する恩赦は、1975 年以降一度も認められていない。端的に言って 37 年間、恩赦が救済措置として機能していないことを意味している。これでは何のために恩赦制度があるのかと理解に苦しんでしまう。
　思うに恩赦の対象だが、死刑囚といえどもその埒外ではないはずである。だがしかし、死刑囚が（代理弁護人を含む）何度恩赦出願をしても、すべてが門前払いになっている。私もそのうちの一人である。
　そこで死刑確定者にとっての期待は、再審請求はもちろんのこと、恒常的に開設されている個別恩赦に救いを求めるしかないのが実情である。しかしこれとて「開かれた門」とはけっして言いがたい。時代が急速に変化しているいま、いつまでも閉門状態にしているのではなく、もう少し緩和されてもいいように私などは思うのである。
　ところでなぜ閉門状態になっているのかと言えば、恩赦適用上の重要な条件とされる、死刑確定後の改悛の情などの客観的な評価を収監側（拘置所）が、好意的な減軽意識を示してくれないことにある。つまりは、何年も事故なく真面目に服していても、死刑囚に対する評価は低いのである。かくしたことがあるために、中央更生保護審査会は恩赦の方向に傾くことはない。仮に中央更生保護審査会から収監側への問いがあったとしても、施設の長は好意的な回答は一切しない。それなのに恩赦不要論が語られることもない。少し乱暴な表現を使うが、こんな絵に描いた餅のような制度なら不要にすればいいのだ。
　いずれにしても 1989 年、昭和天皇が逝去されたときでさえ死刑囚に恩赦が適用されなかったというこの大きな事実を見ていると、もはや恩赦での救済は不可能ということを物語っているようにも思う。それでも硬直した法体制の中で、恩赦出願を出さねばならぬという忸怩たるものがあるのも事実である。今後法務当局は、どのような対応をみせてくれるのかわからないが、恩赦という問題を軸に日本の死刑制度そのものが問われていくといっても過言ではないだろう。

（日本の司法について）

　裁判員制度をいい制度だと考えている現役裁判官は一人もいないはずだ。だがしかし、この制度は最高裁が強力に推し進める司法行政上の問題なので、率直な感想すら口にすることができないというのが実情だろう。

　憲法には「司法」という章が設けられ、きちんと「裁判官」というものを規定している。第80条には、

〈下級裁判所の裁判官は、最高裁判所の指名した者の名簿によって、内閣でこれを任命する。その裁判官は、任期を10年とし、再任されることができる〉

とある。これに対して、裁判員法では、無作為にくじで選出された一般市民が裁判員として、裁判官とともに重大事件を裁くことになる。憲法にまったく規定されていない存在の裁判員が裁判を行うわけだから、これほど明白な憲法違反はない。

　憲法第32条には、国民の基本的権利として、

〈何人も、裁判所において裁判を受ける権利を奪はれない〉

とある。この条文にある「裁判所」とは、前述した第80条等に規定された裁判官で構成される裁判所のことである。裁判員制度では、憲法の規定にない裁判員が参加するのだから、「裁判所で裁判を受ける権利」が侵害されることになる。

　また憲法第37条1項は、被告人に「公平な裁判所」の裁判を保障している。しかし裁判員は憲法に根拠もなく国民から選出され、被告人には氏名も知らされず、判決書に署名もしない人たちだ。このような裁判員が加わった裁判所は、とても「公平な裁判所」とはいえないのではないだろうか。

　これによって不利益を被るのは、被告人ばかりではない。被害者や一般市民も、憲法が保障する裁判所による公正な判決を求める権利を奪われるのである。

　裁判員法では、無作為にくじで裁判員に選出された一般国民は、裁判所に出頭しなければならない。そのうえ、強制的に何日間も拘束され、裁判に参加する義務を負う。憲法にまったく根拠のない義務を国民に課すことは、憲法第13条にある「自由権」を侵害するものだ。

　第18条の、

〈犯罪に因る処罰の場合を除いては、その意に反する苦役に服させられ

ない〉

　との保障にも違反することは明らかである。

　裁判員になると、一日1万円程度の日当が支給されるといわれている。しかし、それ以上の収入がある国民や、裁判に従事している間に大切な仕事を放棄しなければならない国民も出てくるだろう。しかし裁判員がどんな経済的損失を受けようとも、その補償はない。これは憲法第29条にある「財産権の保障」に違反しているようにも思う。

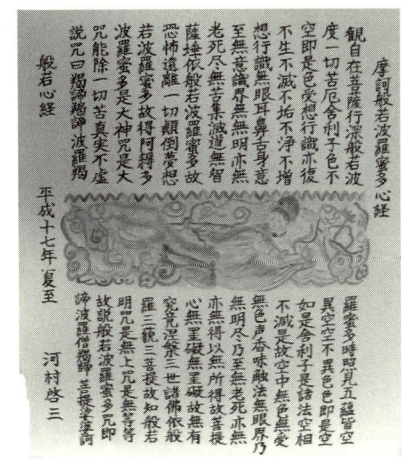

「写経」　第1回大道寺幸子基金表現展応募作品（2005年）

　どうしてこんな制度が作られたかというと、作る前に議論も検討もほとんどなされなかったからだ。立法に携わった者たちは、自分たちが国民に善きものを与えるのだとの前提に立ち、議論をすれば反対の声が国民の側から上がり、裁判員制度などできなくなることが分かっていたのだろう。こんな違憲だらけの制度に「憲法の番人」である最高裁が反対しなかったことは驚きの一語に尽きる。

　裁判員法という拙速な立法は刑事裁判に重大な危険を招いている。同法は廃止されなければならない。

　この立法権を国民に強いて死刑判決を出させている限り、日本の死刑制度は廃止されないと思うので、一日も早く裁判員制度を見直すべきである。

倉吉政隆（60歳　福岡拘置所）

福岡大牟田男女2人殺人事件等（1995.4.18 他）
1951年7月2日生まれ
1999年3月25日　福岡地裁（仲家暢彦）にて死刑判決
2000年6月29日　福岡高裁（小出錞一）にて死刑判決
2004年12月2日　最高裁（泉徳治）にて上告棄却、死刑確定
再審請求中。

私の事件は平成7年4月18日午前1時30分に起きた事件です。この事件の前々夜までは、私と共犯T、I（61歳）とSさんの3人でパチンコ店強盗をしている最中にSさんの友人が選挙の立候補をされており、次の日が事務所開きだったためSさんがその応援に行かないといけませんでした。
　このため、強盗を一時中止し、次の日、家に居候していた共犯Tと2人でSさんがいる選挙事務所へきましたが場所が分からず、次の日、同じくTと事務所へ行き、その帰りにSさんを送る途中、Tが飲み足らず飲みに連れて行ってくれと言うので、Sさんも誘ったけど、"俺は朝から飲んで酔っているので今日はもう無理"と断られたので、Sさんを送った後、Tと二人で私が経営するフィリピンクラブへ行き、店内でタレント達より被害者のA子（フィリピン女性）の落ち度を聞き、おだてられ、作り上げられてA子への姦淫の意思をTが形成してしまい、店を出た後、姦淫を形成しているTは店を出るなり、しつこく姦淫を頼んで来たけど、それを断り、店がある久留米市より被害者のBさん（男性）の自宅のある大牟田市まで走っている国道209号線を私の自宅のある八女市の方へ帰っている途中、雨もどしゃ降りやし、Tも酔ってA子のことをしつこく言うので、このまま帰り、B達には家から電話しようと思い、その国道より私の自宅のある方へ左折したため、このまま帰ればA子との姦淫ができなくなるため、何とかして私を帰さず、ふたりを呼び出させようと思い、私が国道より自宅の方へ左折するのと同時に池田は「〝わあー〟こんまま帰っとなッ、呼び出さんなッ、Bもおおちゃっかやんなッ」と凄い剣幕でふて腐れて口をへの字にして絡んで来たのです。
　何度言い聞かせても聞かなかったため、このまま帰ってもTは酔っているので愚図って寝ないだろう、家には今にも生まれそうな臨月の妻と1歳半の娘やおばが居るのでこのままでは帰れない。又、Tは強盗の仲間に入っているし、けん銃も見せているので、ここで殴って家を追い出してもあとで喋べられたら困るし、Tからもなめられたくないし、Tも酔っているのだからそのうちに酔いも冷めるだろう、どうせBたちとも一度は話さやんのだから、会って、やかましだけでもTの手前言うか、と思い、Tの話しに応じる形で「脅してやかまし言う」という事で、その帰っている横にあったコンビニのからBに架電したのである。

そしてコンビニで「ガムテープとワンカップ」をＴが買い、その道中、昨々日Ｓさんが隠した２丁のけん銃を殺すためでなく脅すために、それを１丁ずつ持って待ち合わせ場所へ行き、待ち合わせ場所より殺害現場となった山の頂上まで行く道中での私の「ハッタリや居直りや威嚇発砲」等の見振り素振りを見て聞いているうちに〝倉吉は本当に殺すつもりだ〟と思い込み、それを「鵜呑み」にして単独で本当に撃ってしまったのです。
　以上が動機の事実であり、またＡ子殺害現場となった場所でも、Ｔの供述が事実であれば、私がＢを埋める場所を探しに車から離れた際、私はビニールハウス（温床）の陰となり見えなくなったのだから、そのときけん銃は２丁ともＴのマットの下い置いていたので、そのままけん銃を持って、Ａ子を連れて一緒に逃げるか、それとも車を運転して逃げることが出来たはずです。もし、逃げていれば、後でＡ子が警察に証明してくれたはずです。
　しかしながらＴの供述が虚偽のため、欲情に飢えていたＴは逃げるどころか私が見えなくなったのをこの際とばかりにＡ子が乗っている後部座席へ行き、手首を巻かれ抵抗の出来ないＡ子のパンティをぬがせ、死体を乗せている上の座席でセックスをしている（平成９年９月２２日第１１回Ｔの公判調書２９０ないし２９３にてセックスをしたことを認めている）のです。
　しかし私が最初Ｔの虚偽に伴い「事件を知らない」と否認したため、Ｔが全罪をおい被せ、Ｔの言い放題で裁判が進み、実行犯のＴと私との刑責が逆になってしまいましたけど、それは私が最初否認したため「事実そのとおり」かもしれませんが、しかしながら事実は違い、また強盗殺人になっているのは証拠隠滅をするのに、Ｂさんの車の品物を全部出して隠したからなのです。
　そもそも本件当事件に関してはＴの虚偽ごとき、初めから私が積極的に関与したわけでもなく、すなわち立案とか計画、あるいは強盗の謀議などは一切持ちかけてもいなく、事実はＴの供述とは全く逆であり、しかも私はこの日は自宅へ帰っていたのであり、それをＴが言い出さなければ殺人事件など起きてはいなかったのです。もしＴが私の忠告を聞いてそのまま帰っていれば何事も起きてはいなかった（この点は事実が示しているとおりであり、本件を立案、計画したのは実行犯の主犯のＴなのであり、この件などは私の再審裁判に関わりを持つことから、又は別の機会にでも詳し

く皆様方へお話しさせていただきたいと思っております)、故に私は、事件当日にしても、TがA子との姦淫を形成し私の忠告を酔って聞かなかったため、私はTの言葉を信じて「脅してやかましを言う」ということでBさんへ架電をしたのであり、それが事実なので、私は居直り声でハッタリや脅しはしても、手をかけたり、暴行事実も一切ないのです。

　いわば私は、Tの欲情、欲望のためTから踊らされ振り回されたようなものなのです。

　確かに第１審の当初、本件強盗殺人・死体遺棄事件について「知らない」と否認していたことは誠に遺憾でありました。ただ、本件は尊い生命がふたつも失われており、その重大さを思い知れば知るほど、自らも恐怖におののき、己の弱さから盲目的に否認してしまったことは、人間の悲しい性と言わざるを得ません。もちろん同じような状況におかれても当初からすべてを認め、公の裁きにゆだねるという潔い態度を取る人もいることは承知していますが、私のような態度しか取り得なかったとしても、そのことについて、いつまでも強い非難をされるのはいかがなものでしょうか……。弱い人間の心理として無理からぬところがあるのではなかろうか……。

　又、私も死刑囚のひとりとして、どうしてこのようなことになったのか、そして司法とは、裁判とはいかなるものか、自分の経験を通して皆様方にお話しし、そして、おひとりでも私のような人生の失敗をなさらないようにと思い述べさせていただきましたけど、私は殺人事件当日、Tとふたりで自宅を出て、Ｓさんがいる選挙事務所へ行きましたが、まさか、この日に殺人事件が起こるなど夢の夢にも思ってはいませんでした。もちろんTも同じく夢にも思ってはいなかったと思います。しかし、その夢にも思ってはいなかった殺人事件がたったの３０分の間に起きてしまい、あっという間に人生が180度転回してしまいました。そのため被害者やその遺族、そして自分の家族ま不幸のどん底に落としてしまいました。後でしまったあーと思っても取り返しがつきません。

　又、皆様方のすぐ身近にもあります飲酒運転にしても、私の事件と同じようなものです。たとえば、家族の誰かでも、ちょっとした判断の過ちで飲酒で事故を起こし、人を２名以上死なせれば、死刑にはならなくても、今は危険運転致死罪が加算されまうので、悪質と見なされれば15年

から25年の刑期を打たれます。若い人であれば、人生はわりやし、年がいった人であれば獄中での死はつらいです。死刑だと殺して貰えるだけでも、まだましだけど、懲役だと殺して下さいと頼んでも殺してはくれません。まともな治療もして貰えないまま苦しんで死んで逝かなくてはなりません。そのようなことになられませんように自覚なされて、自分の人生、そして家族円満でいつまでも末長く幸せな生活を送られますよう、心よりお祈り申し上げます。

間中博巳（44歳　東京拘置所）

同級生2人殺人事件（1989.8／9.13）
1967年12月6日生まれ
1994年7月6日　水戸地裁下妻支部（小田部米彦）にて死刑判決
2001年5月1日　東京高裁（河辺義正）にて死刑判決
2005年1月27日　最高裁（才口千晴）にて上告棄却、死刑確定
2008年初め第1次再審請求。

　私は現在、第1回目の再審請求中の身です。平成20年の初めに、再審請求を致しましたので3年8ヶ月経過しています。普通は半年から1年で却下されますので、裁判所はきちんと審理をしてくださっているようで、感謝の気持ちで一杯です。とにかく私は"人権"に守られて、このように生かされています。社会にいるときは"人権"など考えたこともなかったのに、死刑囚という弱い立場になって初めて"人権"の大切さ、ありがたさというものを知りました。しかし、"人権"は被害者側にもあるわけで、被害者側の"人権"というものを考えると、被害者側には本当に申しわけない気持ちで一杯で、手をついて謝りたい毎日です。
　それから、私は逮捕（平成元年10月）されてから22年が経過していますが、今までずっと家族や支援者に支えられて生きて来ました。家族は毎月1回は面会に来てくれます。もし私が、逆の立場だったら、同じように毎月面会をし続けることができるだろうか……。そう考えると家族への申しわけなさと共に、「どうして事件などを起こしてしまったんだろうか」と後悔の気持ちで一杯になります。とにかく私は死刑囚であっても毎月家族と会うことがで

きますが、被害者、ご遺族の皆様は会えないわけで、それをおもうと本当に何とおわびしてよいのか申しわけない気持ちで一杯です。

とにかく、死刑が確定しますと、気分がめいり無気力状態になりはじめます。面会や交通権も制限されるため、だんだんと何もやる気がおきなくなってくるのです。自分では「何かをしないと」と思っていても身体がついてこないのです。しかし何もしないと自分が駄目になってしまいますので、辛い環境の中で生活をしいられている家族 のことをおもいうかべて、「家族のためにもがんばらなきゃ」と、自分にはっぱをかけて、はげましながら何とか生活をしております。

それから、死刑囚の中には、自分のことだけでなく、気力をなくし、自暴自棄のようになってしまったほかの死刑囚の人たちのことを励ましてくれている人たちもいます。東京拘置所の猪熊武夫さん、風間博子さん、仙台拘置所の高橋秀さんなどがそうです。私はこの人たちにどれほどはげまされ、支えられてきたことか、本当にこの人たちには感謝の気持ちで一杯です。とにかく死刑囚というと極悪非道 をイメージしますが、ほとんどの死刑囚は普通の人たちなのです。普通の人たちが道をふみ外して殺人などを犯してしまったのです。

もちろん、言いわけ弁解はできませんが、とにかくそういう人たちだからこそ、他の死刑囚が困っていたりすると、手を差し伸べて助けてくれたりもするのです。そういうふうに"人間の心"をもちつづけている死刑囚もいるということを知っていただけたらと思います。

西川正勝（55歳　大阪拘置所）

警察庁指定 119 号事件（1991.11.13 〜 92.1.5）
1956 年 1 月 14 日生まれ
1995 年 9 月 12 日　大阪地裁（松本芳希）にて死刑判決
2001 年 6 月 20 日　大阪高裁（河上元康）にて死刑判決
2005 年 6 月 7 日　最高裁（浜田邦夫）にて上告棄却、死刑確定
強盗殺人は否認、強盗殺人未遂は殺意を否認。再審請求中。

足利事件で DNA 鑑定したものが、私の事件と同じ様なやり方での DNA

鑑定だったと弁護士の先生が言っております。すでに私のDNA鑑定した物は廃棄しているのは鑑定する力が無く難しい為に廃棄処分にしたのです。本来なら保存しなければならないのに廃棄したという事は鑑定が出来ない証しです。鑑定が出来無いのにいい加減な鑑定をし、私を死刑囚とした裁判官を絶対許すわけにはいきませんので、最後の最後まで悔いを残さぬように戦っていきます。又、臭気鑑定でも他の事件では却下された同じ犬が本件で採用された事についても私は納得がいかない。他の事件で認められていないのに、本件では認めたことについても疑問に思う。

写真手に遠き追憶春惜しむ
道元の本読む午後や秋の雨
日曜も平日もなし獄の春
獄舎にて一人で食す節句豆
重陽や菊も目にせぬ獄舎かな
寒風を入れて獄舎に冬の雨

　2009年に法務大臣に苦情の申出をし、2010年9月に同じく苦情の申出をしているのですが、もう少し早く返事をしてもらいたい。
　拘禁病、孤独病などの症状が出ており、又、ストレスもかなり溜まっておりイライラしております。普通では考えられない事が起きているのです。私も刑務所生活も長く、拘置所生活も、もう19年になります。担当は嫌がらせしているのかどうか分りませんが、上司が巡回してきて人員報告するのが1房～40房まで聞こえる程、大声を出して報告しております。私の部屋の前でやられたら凄く頭にきますし、余計にストレスが溜まってどうしようもなくイライラしております。私達は静かに生活を送っているのに、少しは私達の事を考えてほしいといつも思っております。精神安定剤も飲んでいるし、睡眠薬も飲んでいる始末です。

鎌田安利（71歳　大阪拘置所）

警察庁指定122号事件、5人女性連続殺人（1985～94）

1940年7月10日生まれ
1999年3月24日　大阪地裁（横田伸之）にて死刑判決
2001年3月27日　大阪高裁（福島裕）にて死刑判決
2005年7月8日　最高裁（福田博）にて上告棄却、死刑確定
2件に分けてそれぞれに死刑判決。無罪を主張。再審請求中。

　書きたい点がいっぱい有るのに高血あつ症で、右手が使えないため、ひだり手で書きました。どうも思うようにペンが進みません。ごめんなさい。
　僕はどちらかと言えば書くことが好きなのですが、こんな状態で真実こまっております。頭の中がどないか成ってしまいました。略→ゼンマイが切れたか？　ハハハ……

堀江守男（61歳　仙台拘置支所）

老夫婦殺人事件（1986.2.20）
1950年12月29日生まれ
1988年9月12日　仙台地裁（渡辺建夫）にて死刑判決
1991年3月29日　仙台高裁（小島達彦）にて死刑判決
2005年9月26日　最高裁（今井功）にて上告棄却、死刑確定
被告が心神喪失状態にあるか否かが争点となり、5年の公判停止後、訴訟能力ありとして公判が再開された。

人お、ころしたが「金は、とってない」。
27年、拘置所にいる。
としわ、62さい。
60年2月20のじけん、より、しょうわ、60年2月20日

上田宜範（57歳　大阪拘置所）

愛犬家5人連続殺人事件（1992～93）
1954年8月14日生まれ
1998年3月20日　大阪地裁（湯川哲嗣）にて死刑判決
2001年3月15日　大阪高裁（栗原宏武）にて死刑判決

2005年12月15日　最高裁（横尾和子）にて上告棄却、死刑確定
無実を主張。第2次再審請求中。

格下の兵法は乱戦。
大昔から、
『格下の兵法は乱戦』
と決まっている。
格下は「乱戦」で臨むべし！

　裁判官に、「検察官、警察官の『ねつ造』に目を瞑るな！」「理論で認定をするな！」「たら・れば論理の判示をするな！」と言う。
　検察官に、「証拠をねつ造するな！」「裁判官に甘えるな！」と言う。
　弁護人に、「被告人は検察官より格下だから、乱戦で争うべし」と言う。
　法務大臣に、「検事総長の言いなりになるな！」と言う。
　拘置所長、職員に、「職員への苦情を揉み消すな！」「被収容者へ手本となる行動をとれ」「職員も出来ない事を被収容者に求めるな！」と言う。
　死廃関係者に、「有名事件ばかりを支援するのではなく、本当に支援が必要な人を支援してほしい」と言う。例えば、法務省、大阪拘置所が『えん罪』云々と判断をしている「松健」氏の支援。

田中毅彦（48歳　大阪拘置所）

右翼幹部らと2人殺人事件（1992.2／94.4）
1963年7月13日生まれ
2000年3月16日　大阪地裁（古川博）にて無期懲役判決
2001年12月25日　大阪高裁（池田真一）にて死刑判決
2006年2月14日　最高裁（上田豊三）にて上告棄却、死刑確定
1審は無期懲役判決。旧姓久堀。

（衣食住の状態について）卵を使った献立が多すぎる。信仰的、体質的に、肉、魚、卵はダメなので、厳しい日が多い。少しでもマシな環境で、と考えてくれる職員も居るが、その逆も。個人の資質もあるので仕方ないけれど。

（苦しいこと、つらいこと）身内や親族の老化、支援者と交流出来ないので、支援者も離れて行く事。証人及び証拠が無くなって行く事。
（最近の処遇の変化について）面会時間が短くなった。相変わらず、本の購入は厳しい。散髪が2ヵ月に1回になった。発信が1日1通にされた事。

山口益生（62歳　名古屋拘置所）

古美術商ら2人殺人事件（1994.3～95.3）
1949年11月16日生まれ
1997年3月28日　津地裁四日市支部（柄多貞介）にて死刑判決
1997年9月25日　名古屋高裁（土川孝二）にて死刑判決破棄差戻し
1999年6月23日　津地裁差戻審（柴田秀樹）にて無期懲役判決
2001年6月14日　名古屋高裁（小島裕史）にて死刑判決
2006年2月24日　最高裁（今井功）にて上告棄却、死刑確定
共犯の元被告は、02年、上告中に病死。第1次名古屋高裁判決は、利害の反する2人の被告に1人の弁護人では訴訟手続上不備として、支部判決を破棄、差戻審は無期判決。その後第2次名古屋高裁判決で2人に死刑判決。再審請求中。

1、「施設の規律秩序の維持」について

　この言葉は、何らかの不許可処分について不服を申立てると、必ずと言っていいほど施設側から出てくる言葉です。この言葉自体は、漠然として抽象的ですが、要は「①暴動、②脱走、③自殺、これらの防止及び④他人に迷惑をかけない」ということに集約されると思います。

　この内、①②については名拘の場合、まず無理です。④は、その都度、注意、調査あるいは連行ということになりますから、制限というより制圧という感じです。従って必然的に問題は「③自殺」ということになるのですが、この自殺防止手段の1つとして（以前ほどではないとしても）「心情の安定」という当局にとって大変便利な言葉が相変わらず活躍しています。この「心情の安定」に資するか、否かは心理学者でも精神医学者でもない（その資格のない）施設長が被収容者の内心を勝手に斟酌して判断するのですから違法性は明らかです。しかも、なぜか肯定的には適用されず殆どが否定的、つまり不許可理由として使われるのですから、これでは霊感商法の販売員の感がしなくもありません。

で、自殺についてですが、ある本によると死刑確定者は本質的に自殺はしないそうです。なぜなら近い将来、死ぬことが約束されているのですから、わざわざ職員の目を盗み、苦労して、こそこそと死ぬ必要がないからです。しかも死亡率は、死刑執行の場合100%ですが、隠れての自殺行為の場合の成功率はかなり低く、失敗したときのことを考えれば、(死ぬことを決定付けられている者としては)当然、躊躇せざるを得ません。つまり、自殺するおそれが高いのは、未決者(死刑未決者も含む)と受刑者であり、その理由は(多い順に)「①将来に対する不安、②死んで(被害者や迷惑をかけた人に)お詫び、③周囲の仕打ちや世間体」ということですが、確定者の場合は、逮捕後大々的に報道され、裁判も多数回経て、かなりの時間が経過しています。すなわち、未決の不安定な時期を過ぎて後、確定するのですから、既に諦観も生まれ、精神的に落ち着いた状態です。従って①②③は、共に該当しません。他方、再審請求や恩赦の出願をしている確定者は、死ぬ気は全くないのは明らかです。

　インパクト出版会の『年報・死刑廃止』を見る限り、確定者の自殺者は、札幌拘の1名だけであり、その態様を聞けば、当局に対するかなりの不信と恨みからと推測されますが、これは確定者自殺の例外といえるでしょう。ということで、確定者は自殺しないのです(多分)。「当局の思い通りになってたまるか！」と憤慨して一時的でも自殺を考えたアナタ！　とにかく冷静になって下さい。確定者の自殺、あるいは自殺未遂は、当人ひとりだけの問題では済まないのです。ここぞとばかりに確定者全員が同類のように見なされ、「施設の規律秩序の維持を害するおそれ」を口実に制限が強化されるのは見えています。ですから、みんな最後まで諦めずに生きて下さい。

　なお、私ごとですが、こりもせず、現在3件の国賠訴訟係争中です。
　その不許可理由は、勿論「施設の規律秩序の維持を害するおそれ」ですが、所長にこの権限があるからといって(具体的な因果関係でもない限り)、確定者の宅下げ及び発信について、これを不許可にする権限まで有しているはずはありません。まして私の場合、その相手方は長年教誨を受けている教誨師(牧師)の先生ですから尚更なのですが……？

2、名拘の場合
　今まで施設内での購買品は矯正協会が、一手に取り扱っていましたが、1

〜2か月前の告知放送によると、一般の業者にその取り扱いは替わったようです。しかし、その業者名はじめ詳細は一切分かりません。　そのせいか、あるいは、原料高のせいか、よく分かりませんが、最近、日用品、間食類が軒並み20円〜40円値上げされました。コンビニ価格より、かなり高いようにも感じるのですが、適正価格かどうか？　又、その差額は今まで職員の懇親会費等に使われていましたが、今後その流れはどうなるのか？　等、国会議員であれば、その全体像をある程度、把握した上で次の行動に移す必要があるようにも思います。

向井義己（67歳　名古屋拘置所）

静岡、愛知2女性殺人事件（1996.8/97.9）
1944年1月31日生まれ
2000年7月19日　名古屋地裁（山本哲一）にて死刑判決
2002年2月28日　名古屋高裁（堀内信明）にて死刑判決
2006年3月2日　最高裁（横尾和子）にて上告棄却、死刑確定
静岡の事件は否認。旧姓豊田。

　私は、K子殺人事件に付いて、総てにおいて、冤罪です。取り調べ刑事の毎日の暴力の中で、作り出されたものです。良く調べたら、完全に分かる事なのです。
　犯人とその仲間を、私が知っている事です。この事を刑事に言ったら、無茶苦茶に殴られて、二度とその事を言うなと言い、お前の女房は俺のこの携帯電話で俺が一言云ったら、すぐ、ヤクザ者が飛んで行き、すぐ掠われるぞ、やつらが皆んなでオモチャにした後で、海の底だよ、重い物を付けてな！と言われ、妻を助けなければと思い、その後、どうしたら良いのか、分らなくなり、接見禁止も長い間付いており、弁護士とも会えなかったのです。
　5億数千万円のK子のお金も、この犯人達が取ったのです。私とK子が知り合う前に取られているのです。私は、このお金を取り戻す相談をK子から受けていたのです。真犯人を掴まえる事に対し、どうか助けて下さい。お願いします。

高橋和利（77歳　東京拘置所）

横浜金融業夫婦殺人事件（1988.6.20）
1934年4月28日生まれ
1995年9月7日　横浜地裁（上田誠治）にて死刑判決
2002年10月30日　東京高裁（中西武夫）にて死刑判決
2006年3月28日　最高裁（堀籠幸男）にて上告棄却、死刑確定
2006年4月17日　第1次再審請求。
無罪を主張。「死刑から高橋和利さんを取り戻す会」の会報がある。大道寺幸子基金表現展絵画部門で第5回「2010年カレンダー」が努力賞、第6回絵画作品全体が努力賞を、文芸部門で第5回『冤罪が作られる構造―「鶴見事件」抹殺された真実』が奨励賞になり、これを全面改稿して『「鶴見事件」抹殺された真実』として2011年5月にインパクト出版会から刊行された。

　刑確定直後の面会時間は30分でしたが、まもなく新法の施行によって15分に半減してしまいました。現在は外部交通が極端に制限されているので、確定前とくらべると面会人の数は4分の1、文通のみの交通は10分の1です。これは私の場合ですが、他の確定囚も同様の制限をうけているわけです。そこで当局にお願いしたいことは、新法施行後は当局側の負担もそれなりに軽減されているのではと推察されるので、面会時間をせめて20分間にして頂きたいと思います。発信度数については、現在は一日1通までですが（これは未決も同じ）、確定前（未決当時）は一日4通まで認めていたのですから、せめて2通まで認めて頂きたい。また文通のみの交通枠をもっと広げて頂きたい。

　裁判員裁判が始まってからの裁判を新聞で読む限りは、検察寄りの訴訟指揮をとる裁判官は以前ほどではないように思えるけれど、まだまだ検察ファ

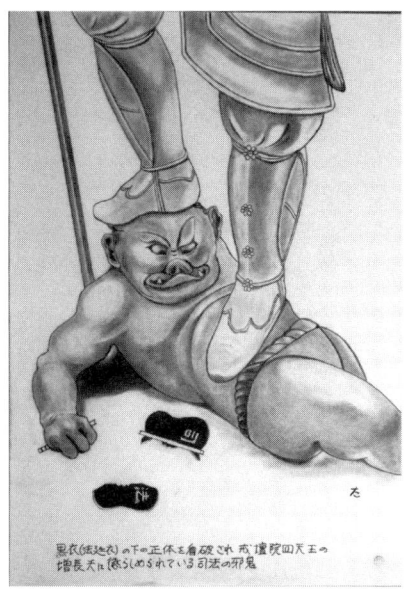

「懲らしめられている司法の蛇鬼」第3回大道寺幸子基金表現展応募作品（2007年）

ミリー的な裁判官が存在することも事実。個々の裁判官は、裁判所（官）の独立性に重きを置き、その具現に努力すべきではないか。

　自分自身が信じる法や正義に対して、忠実で勇気ある裁判官であってほしい。いつまでも検察の言いなりにはなっていないぞ！といえる裁判を実践して見せてもらいたい。検察が取調べ状況を完全可視化するようなことを言っているけれど、検察よりも、むしろ警察での取調べ状況を完全可視化しなければ意味がない。冤罪の「素」を作るのが警察だからだ。

中山進（63歳　大阪拘置所）

豊中２人殺人事件（1998.2.19）
1948年1月13日生まれ
2001年11月20日　大阪地裁（氷室真）にて死刑判決
2003年10月27日　大阪高裁（浜井一夫）にて死刑判決
2006年6月13日　最高裁（堀籠幸男）にて上告棄却、死刑確定
無期刑の仮釈放中の事件。再審請求中。

　死刑廃止の理由は、憲法違反を根拠とすべきである。なぜなら我が国は、憲法を最高法規とする法治国家という建前があり、国（政府・国会議員・裁判官・公務員）も、国民も、憲法を厳守する義務があるからである。しかも、我が国では、国民が主体となって、死刑が違憲か否か議論した事実がない上、国がいう死刑合憲論は、憲法25条の趣旨に反しており正当性がないからである。又、主権者・国民は国に対して、憲法厳守を条件として、地位と権限を与えている（99条）から、国が憲法厳守の義務を果たさない場合、憲法15条に基づき罷免できるからである。

　憲法は成文法である。成文法の趣旨は文章で表現されている。憲法が文章で表現していない事実は、憲法の趣旨として正当性はない。（国がしていること）

　憲法11条が侵すことのできない国民の基本的人権といっている国民の権利は、憲法第3章(10条〜40条)が定めている国民の権利のことである。従って憲法25条が定めている国民の権利は、国と言えども侵すことのできない権利である。ところが国は国民の生存権を奪う死刑制度を施行している。

憲法25条は、すべての国民に対し、生活を営む権利を保障している。生活とは、生きて活動することであるから、同条は、国民の生存権を保障している。憲法98条は、憲法の趣旨に反する法律、命令、国務に関する行為（裁判や刑務行政も含まれる）は効力を有しない、無効と定めている。とすると、国民の生存権を奪う法律や死刑判決・死刑制度は、憲法25条の趣旨に反するという理由により、効力を有しないということになる。これを敢えて強行すれば、憲法厳守を条件に付与した権限の趣旨を逸脱乱用した罪（特別公務員職権乱用罪）を犯したことになる。この違憲事実を廃止理由として前面に出すべきである。
　憲法31条は法律上の正当な手続きによらなければ、国民の自由・生命を奪ったり、刑罰を科すことを禁じているから、前述した効力のない法律を適用した死刑判決の死刑という刑罰を認定した部分は無効である。つまり、死刑判決は、被告人を拘禁する効力を有する正当な刑罰を言い渡してないのであるから、現在、死刑囚として拘禁されている人は、憲法31条に違反する手続きにより、不当に拘禁されているのである。国が違憲監禁をしている状態である。
　人身保護法第2条は、法律上の正当な手続きによらず、身体自由を拘束されている者は、救済を求めることができる旨、定めているから、国は、死刑囚を直ちに釈放する義務が発生している状態である（法治国家の義務である）。もし、死刑制度を施行したいのであれば、憲法25条に例外規定を設けるなど改正をした上で施行するのが法治国家における必要不可欠な手順、手続である。その手続をせず、法的な根拠もなく、死刑は憲法25条に違反しないと強弁して死刑制度を強行してきた国に、全責任がある。
　国は憲法が文章で表現している趣旨に照らせば、違憲となる法律や制度を、憲法が文章で表現してない事実（国の都合）を根拠として、合憲と欺いているのは憲法25条に違反する死刑制度だけではない。憲法9条を始めとして、ほとんどの憲法の条文の趣旨が前述した手法でねじ曲げられているから、国民が受けている被害たるや筆舌に尽くせない程、大きいのである。ましてや現在は、裁判員が死刑判決を乱発している状態であるから、政府に死刑制度の違憲事実について質して、いかなる理由があろうと、憲法を厳守する公正な裁判が保障された国体に建て直すことを急ぐべきである。似た動機による似た犯罪がずっと発生し続けているのは、犯罪者を育み、犯罪を発生させる

社会制度上の不備欠陥を修正するする、国体上の浄化機能たる司法が司法が正常に動いてないからであるから、司法を前述したように建て直せば、より良い社会に進化発展する道理である。斯かる事態を招いたのは、主権者たる国民が憲法を精査せず、司法を国に任せたきりにしてきたことや、政府が国の利益になる、又は国民の利益になると主張すれば、憲法各条文が禁じていることでも、法律として施行してもかまわないという、法治国家にあるまじき偏向判断が、政府・司法関係者たちの間に蔓延していることが原因であるが、法治国家とは、いかなる理由があろうとも、憲法を厳守する国家のことであるから、主権者である国民が死刑制度の違憲事実について、政府に質すことから、自浄機能を喪失している司法を正常な状態に建て直すしかないのである。なぜなら、憲法違反の死刑制度を強行施行して来た責任を免れようとする政府・司法関係者が死刑制度の違憲事実を隠すことに権限を濫用する悪足掻きしているからである。

　ちなみに、国は憲法81条が最高裁を終審裁判所と定めていることを悪用して、憲法が文章で表現している趣旨を無視、又はねじ曲げて運用しているが、同条は、最高裁に憲法の趣旨を独自に解釈・決定する権限を付与したものではなく、国民が憲法違反と訴えた事実が違憲か否か決定する権限を与えたに止まるものであるから、憲法が文章で表現している趣旨を、最高裁が独自の解釈をして、ねじ曲げている現状は、憲法厳守を条件に付与した権限を不当に濫用する罪を犯したのであって、些かの正当性もないのである。

江東恒（69歳　大阪拘置所）

堺夫婦殺人事件（1997.10.30）
1942年7月21日生まれ
2001年3月22日　大阪地裁堺支部（湯川哲嗣）にて死刑判決
2003年1月20日　大阪高裁（那須彰）にて死刑判決
2006年9月7日　最高裁（甲斐中辰夫）にて上告棄却、死刑確定
再審請求中。

（私は大阪拘置所内で一生懸命に勉強をしたので有ります。それまでは殆ど読み書きが出来なかったので有ります。）

私が、事件を起こす6か月前は、私は、全く計算が出来ませんでしたし、また、殆ど字の読み書きが出来なかったので有ります。そして、私は、解体業の力仕事を沢山貰って、10人の職人と力仕事をしていましたが、平成7年12月31日の夜中に火の用心の夜回りして、家に夜中の12時すぎに帰ってから、急激に頭が痛く成りましたので、直ぐに、妻のKさんと2人で大阪府堺市内の清恵会病院に乗用車で2人のって行って、医者に診察をして貰ったところが、私の血圧が200以上も上がっていましたので、医者が直ぐに入院といわれたので、入院してから10日間ぐらい成りましたら、私の血圧が少し下がりましたので、解体業の力仕事が忙しいので、病院を10日間で退院しましたが、血圧の病気がなおった訳では有りませんので、病院を退院する時に、血圧の薬を2週間分を貰って、定期的に血圧の薬を飲んでいましたが、力仕事をしていましたら、直ぐに血圧が上がりますので、それでは、仕事に成りませんので、血圧が上がらないように、一回に大量の血圧の薬を飲んで、力仕事をして、家に帰りましたら、少しずつ頭が痛く成っていましたが、きにせずに、毎日、血圧の薬を大量に飲んで、力仕事をして、家に帰りましたら、急激に頭が痛く成って、家でも、外でも、おかしな事を考えて、おかしな事をするように成っていたので有ります。

　そして、私が、親と思ってお母さん、お父さんと呼んでいた優しい被害者夫婦をいつのまにか事件の目標にしていて、共犯3人と私と計4人でT夫婦2人を襲ったので有りますが、被害者方から、共犯3人をかえしてから、私がT方へ持って行った物は全部を短く切断をして、私の乗用車に夫婦2人を乗せて、私の家の近くに駐車して家に帰る前に夫婦2人の体を触ったら、未だ息をして生きていましたが、私の頭がおかしく成っていましたので、そのまま家に帰ってしまったので有ります。一晩放置して、乗用車の中の夫婦2人の体を触った死んでいたので有ります。

　それを、大阪府河内長野警察の刑事たちが結託をして、私の事件の罪を大きく作り上げているので有ります。一番に訴えたいと思います。

小林薫（43歳　大阪拘置所）

奈良市女児誘拐殺人事件（2004.11.17）

1968 年 11 月 30 日生まれ
2006 年 9 月 26 日　奈良地裁（奥田哲也）にて死刑判決
2006 年 10 月 10 日　控訴取下げ、死刑確定
弁護人が 07 年 6 月 16 日控訴取下げ無効を申立てたが棄却。
2008 年 12 月 18 日再審請求。

　現在、第二次再審請求中（大阪高裁にて即時抗告中）ですが、奈良地方裁判所における私に対する死刑判決は不当であるという新証拠を提出したが、奈良地方裁判所は、第二次再審請求においても、非を認めず、棄却決定を出しました。現在、警察・検察による供述調書が信用できるものか否かと問題になっている裁判が多々ある様ですが、私の供述調書も、事実に反したものであるという第二次再審請求の言い分を、新証拠を添えてもなお非を認めない裁判とは、本当に正当なものなのでしょうか。
　控訴取り下げ後、刑確定し、大阪高等裁判所に公判期日申立てを行い、平成 20 年 3 月 25 日大阪拘置所講堂において、この申し立ての事実調べが行われました。その時の調書を新証拠として第二次再審請求に提出したのです。この調書には、警察・検察の供述調書の私が被害者を殺害したという場面を、検察官は実際には検証を行わず、また、裁判官も提出されるべき捜査段階での現場検証時の写真や記録が無いにもかかわらず、判決理由を言う時、「警察・検察の供述調書は信用できる」と発言し、死刑判決を言い渡したのです。つまり刑訴法第 435 条 1 項、同 6 項、同 7 項に定められた条文を満たした新証拠を提出しているのに、なぜ、棄却決定を奈良地裁は出すのでしょうか。

長勝久（45 歳　東京拘置所）

栃木・妻と知人殺人事件（1988.10 〜 89.11）
1966 年 9 月 11 日生まれ
2001 年 12 月 18 日　宇都宮地裁（比留間健一）にて死刑判決
2003 年 9 月 10 日　東京高裁（白木勇）にて死刑判決
2006 年 10 月 12 日　最高裁（才口千晴）にて上告棄却、死刑確定
2011 年 4 月 4 日　第 3 次再審請求。

　死刑制度の廃止に向けた迅速な活動を国会議員の先生方にお願いしたいこ

とについて。

　1日でも早く危険な残虐な死刑制度は廃止していただきたく願うばかりではありますが、死刑囚当事者の請願では何の力にもなりませんので、国会議員の先生方（福島先生方の死刑廃止議連の先生方）による実質的有効な活動として第1にも第2にも、死刑執行の実態を国民の目に触れさせていただくべく法案を上程していただきたい事をお願いしたく、すなわち、現状では法務省の伏魔殿の法務官僚の方々は絶対に死刑制度を手放そうとはしません。その背景には世論の支持という盾があるからで、その世論の目に後の死刑執行の残酷さをマスコミをとおしてテレビ放映していただく事が国民の死刑支持率の低下への一番の近道であり、国民の方には大変な衝撃でありますが、どれほどに残酷なものか判れば支持等は出来ません、国の殺人行使を法的に示していただきたいこと。国の権力行使として正当化するのであれば、死刑廃止が国際社会でも注目されている事で開示を。

髙橋義博（62歳　東京拘置所）

医師ら2人強盗殺人事件（1992.7）
1949年9月16日生まれ
2000年8月29日　横浜地裁（矢村宏）にて死刑判決
2003年4月15日　東京高裁（須田賢）にて死刑判決
2006年10月26日　最高裁（島田仁郎）にて上告棄却、死刑確定
殺人に関しては無罪を主張。実行犯3人は無期懲役。再審請求中。

　新証拠をベースに再審請求を提出しても、この新証拠を何一つ調査をする事もなく、
　地裁1〜2年
　高裁1年前後
　最高裁2〜4ヶ月
の一定期間、書類を置くだけで、棄却棄却棄却の3連発で終わりです。
　私の新証拠は個人の証人としての上申書ですが、各裁判所は証人と会った上で真実かどうかの調査をきちんとして、判定を下して欲しいと願っています。

余りに雑で、余りに誠意の無い再審請求です。形式的に審理している様で、実のところ審理は成されず一定期間書面を置くだけで棄却してる様にしか思えないのです。

　私は、殺人は冤罪ですので、弁護団の先生方のお力を拝借しながら命の果てる迄、再審を戦い抜きます。ですから、私自身は大丈夫なのですが、他の死刑囚の方々の執行の心配をしています。今、死刑廃止議員連盟の会長亀井静香先生は与党であるにもかかわらず、死刑廃止の方向にまったく進んでおりません。与党である内に、死刑廃止の足がかりを作って頂きたく強く願っています。
　また、執行の方法についても、絞首刑は残酷です。現在は死刑執行の世界一多い人権の無い国の中国でさえ注射による安楽死で死刑の執行をしているのです。死刑に於いては世界で一番遅れているのが日本である様な気がします。まずは安楽死での執行とし、次に終身刑の導入と死刑の廃止と一つ一つ段階を踏んで進めて欲しく思っています。〝死刑廃止〟とワイワイやっても何一つ前に進んでいません。ご一考下さいます様、宜しく願います。

松本和弘（57歳　名古屋拘置所）

マニラ連続保険金殺人事件（1994.12～95.6）
1954年6月25日生まれ
2002年1月30日　名古屋地裁一宮支部（丹羽日出夫）にて死刑判決
2003年7月8日　名古屋高裁（小出錞一）にて死刑判決
2007年1月30日　最高裁（上田豊三）にて上告棄却、死刑確定
双子の兄弟と友人の3人が共謀したとされるが、3人とも「病死」を主張してマニラの事件を否認。

　私は、2名の事件に関わっているが、2名共に、フィリピン国家警察法医学医師の死亡解剖や薬物検査等で、ハッキリと病死とされているのに、なぜ、私が、その責任を取って、死刑囚として死ななければいけないのかが、どうしても納得出来ない事である。
　警察官刑事の取り調べも、検察官検事の取り調べ中も、ずーと折り紙をし

ていただけなのに。又、裁判にいたっては、全くのデキレースであり、茶番げきであった。私は、日本の司法が信用出来ない。
　私や兄・松本昭弘に対して、家族や姉弟を人質に取り、下浦栄一に対しては、君だけは無期刑にしてやると、口約束をしたそうである。その結果死刑判決でした。3名共にね！　又、それから、2011年6月中旬頃に、福島みずほ先生に速達で、お手紙と即時抗告申立書補充書を同封の上、送りましたが、読んでいただけましたでしょうか？　それが、私が全国民に対して、検事や刑事達の汚い取り調べ方法と違法な裏取り引き等があったという事等を、是非とも知っていただきたかったからです。裁判官は、ただのかかしであり、検察官検事の犬、又は金魚のふんである。全く、信用出来ない。

松本昭弘（57歳　名古屋拘置所）

マニラ連続保険金殺人事件・長野殺人事件（1994.12 〜 96.5）
1954年6月25日生まれ
2002年1月30日　名古屋地裁一宮支部（丹羽日出夫）にて死刑判決
2003年7月8日　名古屋高裁（小出錞一）にて死刑判決
2007年1月30日　最高裁（上田豊三）にて上告棄却、死刑確定
双子の兄弟と友人の3人が共謀したとされるが、3人とも「病死」を主張してマニラの事件を否認。

　自分は、今現在、首の難病で有る。頸椎後縦靱帯骨化症（専門用語でOPLL）になっております。その為に、身体全体（首から下の全部）が、ひどい痺れ、まひ状態にて、毎日の日々を不自由に暮らしております。
　だから、一日も早く、きちんとした整形外科医師による診察や検査等を受け、身体全体の処置治療等や首の「OPLL」の手術と治療等を受けさせて欲しい事と思っております。
　何故、この様な身体になったのかと言う事になります。それは、医師（名古屋拘置所医師）の「判断ミス」のお陰です。自分は、2008年6月13日の朝に診察を受けた時に、大変に首が痛い事と両肩が痛い事を訴えました。そして、その日の午後に、首と両肩とのレントゲン写真を撮って貰いました。その結果説明を、6月27日に聞きました。医師は、両肩は何ともなかった

と言い、首の骨に少し程の変形が見られるが、何の問題等も無い、大丈夫だと言いました。それが、「判断ミス」だったのです。

この時に医師が、専門医師（整形外科医師）に、このレントゲン写真を見せて、きちんとした意見等を聞いてくれていたら、すぐに何らかの処置治療等を受ける事によって、今現在の様に、身体全体のひどい痺れ、まひ状態等になる事もなかったし、立ったり座ったり歩いたりする度に、「せきずい」に激痛が走る事もなかった事と思います。

自分が2009年6月頃から身体の体調不良を訴えて、身体全体の「CTスキャン」検査等を受けさせて欲しいと話をして、頼んでも全く何もしてくれなかったのですが、医師が、自分の姿を見て、やっと整形外科医師の診察・検査等を受けさせてくれた時には、何とか歩く事が出来るかな!?と言う時でした。

又、名拘の医師は、整形外科医師に対して、自分の「首」だけの診察と検査を頼んだとの事です。何故、「首」だけなのだろうと、自分は考えて思いました。でも、「首」の「CTスキャン写真」を撮って判った事は、何と難病の「頸椎後縦靱帯骨化症（OPLL）」になっているという事です。それから、今現在まで、何回も診察を受けて、医師（名拘内科医師）に「首」の手術や治療等を受けさせて欲しいと訴えておりますが、何とも手配等を行ってくれません。自分は、今からでも、経過を止める為には遅くは無いので、首の手術や治療等を受けさせて欲しい事と思っております。

それと、外部交通権（親族以外の人）の許可者は、自分自身の心情安定が図れる人と行いたいと思って、官側へ訴えておりますが、全て不許可となっております。又、官側へ死刑囚の人達（自分も入る）の「遺影」の為の写真を撮って欲しい事を、もう5年も訴えておりますが、法務省の規定に無いという事で「却下」されております。何とか、法務省へ訴えてみて下さい。お願い致します。

下浦栄一（40歳　大阪拘置所）

マニラ連続保険金殺人事件・長野殺人事件（1994.12～96.5）
1971年3月9日生まれ
2002年1月30日　名古屋地裁一宮支部（丹羽日出夫）にて死刑判決

2003年7月8日　名古屋高裁（小出錞一）にて死刑判決
2007年1月30日　最高裁（上田豊三）にて上告棄却、死刑確定
双子の兄弟と友人の3人が共謀したとされるが、3人とも「病死」を主張してマニラの事件を否認。
2008年11月25日　第1次再審請求。

（獄中生活で一番楽しいこと、うれしいこと）面会や週1度づつのテレビとDVDの視聴。

松田康敏（43歳　福岡拘置所）

宮崎2女性強盗殺人事件（2001.11.25／12.7）
1968年2月23日生まれ
2003年1月24日　宮崎地裁（小松平内）にて死刑判決
2004年5月21日　福岡高裁宮崎支部（岡村稔）にて死刑判決
2007年2月6日　最高裁（那須弘平）にて上告棄却、死刑確定
2012年3月29日　福岡拘置所にて死刑執行
第4回大道寺幸子基金絵画部門で2点の絵画が優秀賞、第6回で絵画「タイムスリップ　あの時代へ」が奨励賞、第7回で絵画「生死の境」が奨励賞を受賞

　私が、今こうして生きてる事、生かされてる事に感謝します。
　全国の皆さん、気持をしっかり持って元気に頑張りましょう。
　私の似顔絵自画像、初公開で～す。

小林光弘（53歳　仙台拘置支所）

弘前武富士放火殺人事件（2001.5.8）
1958年5月19日生まれ

2003年2月12日　青森地裁（山内昭善）にて死刑判決
2004年2月19日　仙台高裁（松浦繁）にて死刑判決
2007年3月27日　最高裁（上田豊三）にて上告棄却、死刑確定
2008年11月18日　第1次再審請求。

・現在、連絡は途絶えていますが、最高裁まで支えてくれた母には、心から感謝しています。
・私は、支援者と弁護人の援助で生かされています。第1次再審請求で、平成23年6月20日に青森地裁は棄却決定したので、即時抗告申立をしました。
・叶わぬ願いと思いながらも、生きているうちに、娘に会いたいと思っています。
・被害者遺族の方々の願いは、私が一日も早く死刑になり、この世から消えてしまうことです。死刑刑罰は憲法で認められていますが、私が処刑されると被害者遺族の方々は幸福になるのでしょうか。死刑は、同害報復〔以外〕の何ものでもありません。
☆同階には、死刑囚・裁判中の未決囚・独居室の受刑者、そして共同室の者たちと同居しています。共同室から大きな笑い声が聞こえてきます。しかし、死刑囚が大声で笑う事はほとんどありえない事です。この様な状況の中で、心情安定に努めなさいと言う事など無理な話というものです。福島先生は、どう思われますか？

西山省三（58歳　広島拘置所）

老女殺人事件（192.3.29）
1953年1月13日生まれ
1994年9月30日　広島地裁にて無期懲役判決
1997年2月4日　広島高裁にて無期懲役判決
1999年12月10日　最高裁、検事上告を受けて高裁に差し戻し
2004年4月23日　広島高裁（久保真人）にて死刑判決
2007年4月10日　最高裁（堀込幸男）にて上告棄却、死刑判決
無期懲役の仮釈放中の事件。1、2審は無期懲役。1997～98年の5件の死刑を求めた検察上告中、唯一高裁差し戻しとなったケース。
大道寺幸子基金表現展の第1回で詩「死刑囚の先輩」「狂犬の願い」が佳作に、第

5回で短歌1首「十六年ぶりに会う十八の娘『なんで殺したん』と嗚咽する」が努力賞、第7回で俳句のうち「汗かきて我もすこし蒸発す」「雪消えて元の太さの鉄格子」の2句が努力賞を受賞。

死刑囚でも、その存在が心の支えに成り、頑張っている者が、たくさん居ると言う事を解ってほしい!!

中原澄男（64歳　福岡拘置所）

暴力団抗争連続殺人事件（1997.10.6/10.13）
1947年6月3日生まれ
2003年5月1日　福岡地裁（林秀文）にて死刑判決
2005年4月12日　福岡高裁（虎井寧夫）にて死刑判決
2007年6月12日　最高裁（上田豊三）にて上告棄却、死刑確定
2009年2月12日　再審請求、無罪を主張。

　裁判官のズサンな判決と、想像文での判決に、裁判官・検察側で証拠は8つもあるのに無視しての判決です。正しい正義などまったく今の裁判官は無いです。私は無実です。
　裁判官が何故正義を見ようとしないのか、それが不思議に思います。
　私が事件に少しでも関与があれば、実行犯を自首させたりする訳がないです。
　第一に事件が起って初めて知ったのです。正義をしっかり見てほしいと願うばかりです。
　①病院のカルテ　②携帯電話の記録　③実行犯を自首させたこと
　この3つで、もう私の無実は分ると思います。

浜川邦彦（51歳　名古屋拘置所）

三重男性二人射殺事件（1994.7.19、11.20）
1960年4月10日生まれ
2002年12月18日　津地裁（天野登喜治）にて死刑判決

■ 2004年3月11日　名古屋高裁（小出一）にて死刑判決
　2007年7月5日　最高裁（甲斐中辰夫）にて上告棄却、死刑確定
　再審請求中。

〈死刑囚の立場から一言〉

　「死刑囚はベルトコンベアー式に吊るしてしまえーッ」と言い放っていた自公政権から、ようやく希望の持てる新政権へ移ったのも束の間、希望の新政権の元でも、アッサリと2人の人間が吊るされてしまったのでした。その瞬間、全国の死刑囚らは「これでは以前と何ら変わりがないではないか……」と落胆したことはいうまでもありません。現在、警察や検察による違法な取り調べが明らかになっておりますが、そんな背景を考慮もせず、よく殺るなァというのが実感です。司法改革が大きく進んでいる訳でもなく、これまで通り冤罪を訴える者たちの声も封殺されたまま……いったい何のための政権交代であったのか。

　私も冤罪を訴えている者のひとりですが、再審の弁護人へ手紙を（ハガキ1枚）書くのにも、いちいち事前に許可の申請を行わなくてはならない有り様で、果たしてこれが公正な法治国家といえるのでしょうか。刑が確定しても、拘置所内は検察の権力がガチガチに支配しており、公正な弁護活動が出来ない仕組になっているのです。こんな不自由な環境の中で、どうやって戦ってゆけば良いのか。この国では被告・弁護人側の権利があまりにも制限され過ぎです。現在の法務大臣においては、もっと弁護人の活動を尊重した法整備をととのえてもらいたいと思います。この国に、いつまでたっても冤罪事件が無くならないのは、この国の検察と弁護側の立場にあまりにも差がありすぎるからだと思います。もっと弁護士会に強制力をもった権限を与えるべきだと思います。検察と弁護士会が同等の権限を行使することができて、はじめて公明正大な裁判が開けると思うのです。

　現在、刑事裁判の有罪率が99％以上というのは、どう考えても異常でしょう……本当にこの国が民主国家と呼べるのか、いつも首をかしげています。もっともっと大胆に司法改革を行ってもらいたいものです。

後藤良次（53歳・東京拘置所）

宇都宮・水戸殺人事件（2000.7.30/8.20）
1958年7月24日生まれ
2003年2月24日　宇都宮地裁（飯渕進）にて死刑判決
2004年7月6日　東京高裁（山田利夫）にて死刑判決
2007年9月28日　最高裁（津野修）にて上告棄却、死刑確定
2005年10月に、1999～2000年に他の3件の殺人事件に関わったと上申書で告白、09年6月30日水戸地裁（河村潤治）で懲役20年。12年2月20日、最高裁（古田佑紀）で懲役20年が確定。
事件を描いたドキュメンタリーとして『凶悪——ある死刑囚の告発』「新潮45」編集部著（2007年新潮社、2009年新潮文庫）がある。第4回大道寺幸子基金表現展で短歌・詩作品が努力賞を受賞。

・仕方ないのか、外部眺望がなくなり、舎房の中へ外気も入らなくなり、ルーバまで閉められた。
・人との会話が全くなくなる。
・手紙でのキャッチボールもいいが、3分でいいから生の会話がしたい。
・何を標準にして判断していいか、わからない。

　2008年に行われた「アンケート」用紙は弁護人大熊先生から届いたのですが、参加することが出来ませんでした。水戸拘置支所におり、接見禁止中だった為に（別件で）発信が許可にならず。今回参加に加わることが出来、やっと「確定囚」の一員に入れたようです。
　昨年から今年4月ごろまで体調が優れず「ヤバイ」と思った時もありましたが、今は元気に生活を送っています。弁護人の先生方の支えがあったので乗り越えることが出来ました。
　無学・無能な私ですが、生きようと

「獄窓に月の明かりが一直線我にかがやき二度と観られぬ」第6回大道寺幸子基金（2010年）応募作品

思う意気込みは人一倍あります。
　私は生きています。

庄子幸一（57歳・東京拘置所）

大和連続主婦殺人事件（2001.8.29/9.19）
1954年10月28日生まれ
2003年4月30日　横浜地裁（田中亮一）にて死刑判決
2004年9月7日　東京高裁（安広文夫）にて死刑判決
2007年11月6日　最高裁（藤田宙靖）にて上告棄却、死刑確定
響野湾子のペンネームで大道寺幸子基金表現展に毎回詩歌を応募、第2回で詩・短歌・俳句作品が優秀作品に、第3回で書表現を含めた短歌・詩全体の表現が奨励賞、第5回で俳句と短歌が技能賞、第6回で詩歌が技能賞。第7回で全作品が持続賞を受賞。

　悲しみの泪の祈り
　朝、部屋の白む前に起き出す。善きキリストの信者の友より賜いし聖書を持ちて三畳間の部屋の中の板の間に座を移す。心のままに西方を向き汲み置きて有るポットの水を口にふくみすすぎ清める。その日思いつくままに聖書のどこかを開く。毎朝被害者の絶望の悲しみ、苦痛の中の怒りの全ての声に耳を澄まして聞く。その声を聞きつつ聖書の詩編、イザヤ書、エレミヤ書、シラ書、福音書のその中から我が後悔の心を拾い上げる様に小さき声で誦える。文字をひたすら渇望した目で追う。被害者の心に答える為に。永遠に得る事の無い答えを求める為に。
　愚かしい人間の心の一片も無かった欲望の為に奪った命、卑劣な暴力の無慈悲な力を手段にためらいを持たなかった我が罪業を今振り返へれば言葉が無い。辛らい、苦しい。日々被害者の非難の声は募り来て安まることが無い。一辺の軽き答えではその日、一日の命の魂がもたない。耳が澄む心が澄む。耳をかたむけてせめ来る声を日々に湧き来るを求める。泣き続ける恨みの声が湧き来るを求める。そしてその声を逃すまいと耳をかたむける。湧く声が無い時が苦しい。答えるべき言葉が無くなる。自分の生きる存在の時間が止まる。

この時間の無い四角い箱の中の空間の重さの全てにかけて語りかける。赦される事の無い罪業とは知りつつも、生涯、境涯を惜しまず語りかける。この想いが届くだけでいい。我が後悔の念の全てをしぼり出す痛みの中の叫びを静かに聖書の文字の中に込めて語りかける。

　許して下さい。許して下さい。許して下さい。赦しの無い時間の中で、貴女方に語り掛けることを私に許して下さい。いつの日にかこの獄中に終わる命ですが、夜の眠りを眠剤で買わなければ眠る事の出来ない獄中で得た良心の呵責。朝の白々とする時より夜の闇へと続く全ての時間を我が暴力で奪った命に語り掛ける真の命を切に謂う。

　眠れぬ夜を重ねて得た良心の呵責の炎を守りつづけて、これからも貴女方に語り掛ける。

　我が悔の想いが届く日まで。魂が有ると信じて生きている限り私を責め来る声に耳を澄ます。そう命ある限り！　今日も、明日も朝の白む前独房の隅で静かに耳を澄ます。人の命と愛の重さを知り泪が湧く。祈りの中流れ落ちる。今日の分の命の始まり。今日の分の命の苦痛、生きる事の辛らさを抱えて今日の命が動き出す。

　今、私は正しさを求めて時間の中に生きています。
　全てが赦しを謂う為に。痛悔の時間!!に身を律し
　誠実でありたいから。

林泰男（54歳・東京拘置所）

松本・地下鉄サリン事件等（1994.6.27/95.3.20 他）
1957年12月15日生まれ
2000年6月29日　東京地裁（木村烈）にて死刑判決
2003年12月5日　東京高裁（村上光鵄）にて死刑判決
2008年2月15日　最高裁（古田佑紀）にて上告棄却、死刑確定
2008年12月19日　再審請求。

（衣・食）については、今は問題ありません。
（住）については、あまりにも景色が見えないなど、問題があると思います。

健康面での漠然とした不安や、拘置所の（歯科以外の）医療体制に対する不信感があります。
　懲罰を受けたことは一度もありませんし、……恐らく今後も無いでしょう。
（不服申立について）　①の審査の申請　②の苦情の申出（所長と大臣の両方）④の視察委員会への投書
　以上のことをしたことがありますが、①と②については正常に機能しているとは思えません。職員がそれらのシステムがあることを理由に、面接や処遇の説明をしなかったということもあります。具体的には「不服があるならば『苦情の申出』を出せばいい」というスタンスで職員（特に責任のある職員）が面接に応じなくなりました。「苦情の申出」などのシステムがなかった以前の方が職員の対応が親切で良かったように感じています。
　現在、曹洞宗の方の教誨を受けていますが、時折別の方の教誨も受けています。

服部純也（39歳・東京拘置所）

三島短大生焼殺事件（2002.1.23）
1972年2月21日生まれ
2004年1月15日　静岡地裁沼津支部（高橋祥子）にて無期懲役
2005年3月29日　東京高裁（田尾健二郎）にて死刑判決
2008年2月29日　最高裁（古田佑紀）にて上告棄却、死刑確定

　外部交通が厳しすぎて手紙や面会したい人と全く交流が持てず再審支援者が亡くなったのにもかかわらず、新しい再審支援者の外部交通も許可してもらえず、再審の邪魔ばかりしている。
　死刑囚は命の大切さを他の誰よりも知っていて、死刑囚になったから、そういう思いは大きくなっていると思う。死刑は国が殺人を犯すのと同じで、やり方ももの凄く残酷だ。自分が仕出かした事の事実は重いのは十分に分かってもいるし、反省や悔悟を毎日している。だけどいつ執行で身体を持っていかれるか分からないという気持ちが分かりますか？　これはも

う精神的な拷問と同じです。

　自分が悪いという事は十分に分かっています。だけども執行だけはされたくないのです。被害者の遺族の方には納得してもらえないかもしれないですが、生きて償いをしたいのです。

　東京拘置所では、被害者の遺族に手紙を、謝罪の手紙を書く事は許されていないのですが、出来る事なら会って謝罪をしたい気持ちはいつでも持っています。

　こういう死刑囚という立場に立ってからでは遅いんだけど、先にも書いた通り、命の大切さを知っているのが、誰よりも死刑囚なのです。

　以前のアンケートでも書いたと思いますが、何を今更と思うかもしれないですが、もう一度チャンスが欲しいです。もし社会に出られたら一生悪い事、犯罪というものを犯さない自信があります。その自信はどこから出ているかというと、死刑囚はいつ執行というもので身体が持っていかれるか分からない立場で、いつも精神的に辛い思いをしています。その恐怖に比べれば社会に出て真面目に生きる事なんて簡単なのです。社会に居たら居たで誘惑もあるし、それはそれで大変ですが、執行される事と比べれば辛い事も幸せになるのです。

　人の命を奪ってしまいましたが、やはり命を大切にするという事は大事だし、ましてや自分の命ですので、まだまだ被害者やその遺族に対しての謝罪や償いは出来ていないので、死ぬ訳にはいかないのです。

　心の苦しみは身体の苦しみよりも重いと言われていますが、被害者の遺族と同じ様に死刑囚も苦しんでいるのです。同じ立場ではないですが、死刑囚の苦しみも分かってほしいです。

　死刑廃止を強く訴えたいです。死刑になりたくて人の命を奪う人も居ますが、死刑を廃止すればそういう人も居なくなるだろうし、終身刑があれば被害者の遺族にも償いが出来るので、何が何でも死刑を廃止して下さい。それが殆どの死刑囚の総意になる事は間違いありません。

長谷川静央（69歳・東京拘置所）

宇都宮実弟殺人事件（2005.5.8）

1942年8月6日生まれ
2007年1月23日　宇都宮地裁（池本寿美子）にて死刑判決
2007年8月16日　東京高裁（阿部文洋）にて死刑判決
2008年3月17日　上告取下げにより死刑確定
無期懲役の仮釈放中の事件。

　私は、平成20年3月25日に確定を言い渡されてから今日まで、自伝的ノンフィクションを初め、9部の小説を書いてきました。それは再審請求の資料の一部とするために萱野一樹弁護人が是非読みたいと申しており、本日に至っている訳なのですが、宅下げ交付の許可を願い出てもことごとく願意取り計らわないとの告知を受け続けてきました。もちろん東京矯正管区長宛に申請書（審査の）を提出しましたが、当所の措置は妥当であるとのことで、次に法務大臣宛に再審査の申請書を6通出しています。しかしながら古いものは遙か一年以上のものまで、返事がまだ届いていないのです。
　何故に余命幾許もない確定者の心情を押し包み、全て不許可にしたのか、私には〝いじめ〟としか受け取れません。
　このように執筆意欲を損なう越権行為はとうてい許されるものではありません。法、第139条によれば、〝確定者の心情に資すると認められるものは、この交付を認めるものとする〟とあります。あなたは、これを読み、何らかの行動を起こして下さるのでしょうか？
　文書図画の交付禁止の判断をした拘置所長及び幹部職員に対しては、以下のごとく思っている。
　「魂魄今生にとどまりて、怨念晴らさでおくべきや」

松村恭造（30歳・大阪拘置所）

京都・神奈川親族殺人事件（2007.1.16/1.23）
1981年8月3日生まれ
2008年3月17日　京都地裁（増田耕兒）にて死刑判決
2008年4月8日　控訴取下げ死刑確定
2009年11月　控訴審再開請求、10年5月、最高裁で却下

　福島みずほ様　お久し振りです。大阪拘置所に収監されている死刑囚、松

村恭造です。3年前、2008年8月に、前回のアンケートに回答、発送して以来の手紙ですね。お元気にお過ごしでしょうか。私は、こないだの8月3日で満30歳になりました。

八木茂（61歳・東京拘置所）

埼玉保険金殺人（2件）、同未遂事件（1件）（1995.6.3～99.5.29）
1950年1月10日生まれ
2002年10月1日　さいたま地裁（若林正樹）にて死刑判決
2005年1月13日　東京高裁（須田贒）にて死刑判決
2008年7月17日　最高裁（泉徳治）にて上告棄却、死刑確定
無実を主張、再審請求中。

　本庄事件ブログは「http://ameblo.jp/yagisigeru/」ですので観て下さい。本庄事件のことは、弁護団との接見時のこと等を載せて在り、毎月更新して世界に冤罪を訴えています。
　現在は弁護団は19名ですが、まだまだ増人すると弁護団は言っています。再審請求は21年1月30日しましたが、さいたま地裁が22年3月18日に棄却しました。で、22年3月23日に即時抗告申立をしました所、同年7月23日趙弁護士さんが接見に来て、「八木さん、三者協議（テープ等を請求した）が8月2日に行われる事が決まりましたよ。」と、拘禁されてから10年5ヵ月で一番嬉しい日でした。聞いたときには思わず拍手をしてしまいました。その後の協議を下記に記します。
　22年10月27日に裁判所と弁護団との二者協議で、裁判長から、スピーディーに審議をしたい旨を言われ、提出できる書類は早く提出する様にとの事。
　第2回三者協議は、22年11月8日。弁護側が証拠開示請求した。
　第3回三者協議は、22年12月22日。1、2審で検察が無いと述べていた、共犯者の調書や捜査報告書等が開示された。再鑑定の為、臓器の請求もした。
　第4回三者協議は、23年3月23日。さいたま地検に冷凍とホルマリン漬けの臓器があった。
　第5回三者協議は、23年6月8日。肝臓290g、腎臓2g、肺37g、心臓41g

があることが分った。裁判長は次回の協議までに検察官と弁護団での2者協議をする様に促した。弁護団は6月20日に解剖医に腎臓2gでもプランクトン検査できるかを聞いたら、OKが出た。

第6回三者協議は、23年10月26日予定です。

本庄事件では、共犯とされた女性3名も100％冤罪です。

12年刑1人3371日服役後、乳ガン死亡。15年刑1人。無期刑1人。

僕は、無期刑の女性の虚偽証言のみで、死刑囚にされました。

これまで僕はずーっと無実を訴えて来ました。1日も早く家族の元に帰りたい。

4人は死体すら見ていないのです。僕は本当に無実です。

追伸

本庄事件弁護団は23年8月に鈴木貴子弁護士が増員になり高野隆主任弁護士率いる女性弁護士3名と男性弁護士16名で、現在20名の弁護団で今年中の再審開始決定に向けてがんばっております。

第3回三者協議23年10月26日には100点近い女性三名の供述調書や捜査報告書等を検察は11年以上も隠し持っていたものを弁護団に証拠開示しましたが、まだ段ボールに60箱ある証拠と300数十点のファイルがあり調査中であると検察官は言っている。

第7回三者協議は平成24年2月3日に行われ、各臓器の再鑑定をする方向で協議が進行しています。

第8回三者協議は24年4月13日に予定されています。これらの三者協議で本状事件も大詰めに入ることになり、臓器の再鑑定が行われれば、再審開始決定が言い渡されると弁護団も私も信じています。

私との接見は当番弁護士が決まっていて、週に一回は必ず来てくれるのでとても心強いです。『冤罪File』にも掲載予定です。

無実の死刑囚　八木茂

幾島賢治（64歳・名古屋拘置所）

高岡組長夫婦射殺事件（2000.7.13）
1947年3月15日生まれ

2005年1月27日　富山地裁（手崎政人）にて死刑判決
2006年10月12日　名古屋高裁金沢支部（安江勤）にて死刑判決
2009年3月23日　最高裁（今井功）にて上告棄却、死刑確定
2010年10月1日　再審請求
旧姓大田。共犯の藁科稔は死刑確定後、2009年5月2日に死亡。「首謀者」として死刑求刑された副組長は、06年11月1審で無罪判決。再審請求中。

　再審で裁判所の間違いを正したい。
　死刑問題に関係ないことですが、この国難の時に政争は止めてもらいたい。
　とくに原発を推進してきた自民は全く反省もない。首相の指導力が足りないのは分かるが、この時期に自公が政局に走ってる姿は見るにたえない。平時の時にはいくら政争をしても、それが仕事なのだからいいが、今は被災者と国民のことを第一に、与野党も知恵を出し合って頑張ってほしい。
　私からのお願いです。被災者を1日も早く救って下さい。それが政治の仕事と思います。

神田司（40歳・名古屋拘置所）

名古屋闇サイト殺人事件（2007.8.24〜25）
1971年3月9日生まれ
2009年3月18日　名古屋地裁（近藤宏子）にて死刑判決
2009年4月13日　控訴取下げ、死刑確定
2011年3月　再審請求
被害者1人で2人に死刑判決。控訴を取り下げ確定。共犯の堀は控訴中。再審請求中。

　謹啓　福島みずほ先生
　私が、お願いしたい事は、法の適正化と統一化です。今の現状は各拘置所の長が我々の生活処遇を勝手にきめていますが、法の内容があいまいすぎていて、身勝手に限度なく厳格化して行くばかりです。（ナゴヤでは）
　そればかりか職員の公務態度も、この2年間ひどく様変わりしてしまい、処遇部長はまるでここの〝ボス〟気どりで全くしまつにおえません。
　どうか国会で法相にナゴヤはどうなってるのか問い質して下さい。ナゴ

ヤの法務局刑事部は、くさってます！　たすけて下さい‼
　室温約40℃の中、汗が止まらず体力も限界です……
　精神的にも一杯一杯で、他にも訴えたいこと山積ですが、用紙のみしか使用を認められず、とても書ききれず残念です。
　このまま行けば、国に殺されます。悔悟の念むなしく……
　もっと多くの民に、国が〝国民〟を殺していることと、そのことを認めていることに自問して欲しいです。「税金で人殺し」をまだするのか？　民に訴えたいです。
　私は、人殺しですが鬼ではなく人間です。
　それだけは忘れないで下さい。

林眞須美（50歳・大阪拘置所）

和歌山毒カレー事件等（1998.7.25 他）
1961年7月22日生まれ
2002年12月11日　和歌山地裁（小川育央）にて死刑判決
2005年6月28日　大阪高裁（白井万久）にて死刑判決
2009年4月21日　最高裁（那須弘平）にて上告棄却、死刑確定
2009年7月22日　再審請求
１審は黙秘。２審ではカレー事件について無実を主張。著書に『死刑判決は「シルエット・ロマンス」を聴きながら』（講談社、2006年）。獄中の林眞須美さんを支え、無実を求めるものの会（通称あおぞらの会）から『あおぞら通信』が刊行されている。

　犯罪の証明は裁判上も何らなく、「権力」のみの有罪死刑としており、著しく不当である。法の正義はどこにあるのか？
　「和歌山カレー事件」の犯人として、死刑確定者として生活し、「死刑囚」と、いわれたり、新聞等にケイサイされたりする現実が、ものすごくイヤでイヤでたまらないですごしています。一日も早く、再審無罪を勝ちとりたくすごしてます。何としても、一男三女の４人の子供や兄２人、亡両親や親族にも、一日も早くむくいたいと思いすごしてます。
　平成21年4月21日の最高裁判決前後にかけて、死刑確定者処遇と告知

される日をもって、大阪拘置所で、「人殺し」「死刑囚」と、法律上されてしまうことに対して、私自身、ものすごくイヤでたまらず、日本の最高裁まで、「人殺し」「犯人」と認定し、「死刑囚」と、「林眞須美死刑囚」と新聞やマスコミでケイサイされたりすることが、もう生きていてたまらなくイヤで、弁護人や支援者がいても全く目にも入らず、そのことのみで、自殺を、死刑確定者処遇と告知されるまでにしようと決めていたほどである。

「四面楚歌」第7回大道寺幸子基金表現展（2011年）応募作品

　そんな時に心のよりどころである大阪拘置所の医務部長に、診察で、自殺しそうなので、眠れる眠剤を出して下さいと申し出たら、「アレッなんで、うしろめたいことしているからやろ」等いわれ、私を犯人扱いして、ぼう言をいわれて、この時に大変腹立ち、目が覚め強くなった。その場で、戦う意思が強くわきあがり、アンタ誰にむかってそんなこと言うてるのよ、アンタにね、そんなこと言われる理由はない、それでもアンタ、医務部長か？　と、大声で言いかえした。どやしました。（今もこの最低な医務部長です。）立会の看護師さん女子が、私の一番心を許している職員であり、私のみかたをしてもくれましたが、……なぐりたおしてやりたいアホな人です。

　「和歌山カレー事件」の裁判で、何ら証拠はなく、私を犯人とされ、死刑とされる理由は、「法の正義」のもと何らなく、一日も早く、法務大臣に証拠をせいさし、再審無罪としてもらいたい。
　現に、大手マスコミ新聞社会部の方々が面会にきても、何ら何もなっとくできるものはなく、？？？であり、関心を持つ裁判であるというが、きまって最大権力であり、勝てるとはとてもおもえないともいわれてます。「権力」で死刑とせず、「法の正義」「証拠」でするべきであり、平成10年「食中毒」と発表し、その後、「青酸カレー」→「青酸ヒ素カレー」→「ヒ素カレー」と、事件名も二転三転し、大量無差別殺人として、4人の死亡者があり、日本中のマスコミあげてのセンセーショナルな報道がなされ、日本中の人、世界中の人々までもが、カレー事件＝林眞須美が犯人と、私がマスコミにホースで水をまく姿のみで判断してます。

捜査側は、マスコミを利用し、私をカレー事件の犯人とのイメージをつけましたが、裁判上何もありません。こんな茶番裁判に、膨大な時間と大金をかけて、何もなってなく、ムダなお金と時間がすぎるのみであり、一日も早く、法のもと再審無罪を証拠よりしてもらいたい。

　衣類や差し入れ等や、又、自弁品が、ほとんど購入出来ず。外部交通制限で面会人がなく、差し入れもなく、ほとんどが官の貸与品での生活となっている。友人・知人・支援者等の親族、弁護人以外の外部交通を許可としてくれない。DVD、テレビ視聴を許可としてくれない。
　10年以上となり運動不足と、日中、同姿勢で正座しているため、腰痛になる。運動時間をふやし、365日毎日、最低1時間は屋外の運動を実施し、うんどうぐつとなわとびを使用しての全身運動、なわとびをしながら走らせてもらいたい。
　職員側ではなく、私にとり心情の安定第一の生活をさせてもらいたい。

関根元 （69歳・東京拘置所）

埼玉連続4人殺人事件（1993）
1942年1月2日生まれ
2001年3月21日　浦和地裁（須田賢）にて死刑判決
2005年7月11日　東京高裁（白木勇）にて死刑判決
2009年6月5日　最高裁（古田佑紀）にて上告棄却、死刑確定

　今、いちばん訴えたいことをお書きくださいとありますので、大変おこがましいことで痛み入ります。
　縄目の恥辱を受けて、15年がすぎました。東拘へきて9月になりますと10年になります。老醜者のひとりごとと笑って聞いて下さい。
　小生宅に国税の査察が入る。5千万弱の請求が支払い無効に。
　其の方法は全ての財産を協議離婚で慰謝料に名義書換えた、この時から監督兼主演女優、小生死体損壊のみ、受け合い者は三人を絞殺が真実です。役割分担は当然最初から決まっていた（検事や警察のアメとムチで条件逮捕）獅子身中の虫　愛け合い人は証人尋問にて、供述証言、曰く

検事と密約、最初から執行猶予で全て出来合いの逮捕、まるでご招待とか
又検事室内図書室にてセックスをさせた、女衒のまねごとする検事
証人証言で検事官の許可の内と胸を張る
同じ囚徒で飲み物食物タバコ電話まで全くの自由だった上、
検事は憧れの東京地検特捜部に栄転とか
異常なる検事との司法取り引きなれど、裁判長は元より弁護団まで検事に一言も論議論詰が全く見られなかった？
検事や警察の讒言讒訴謀議捏造で縄目を受けたら
加害者で手もと不如意で単純者では蟷螂の斧（じゃくにくきょうしょく）そのものですね
裁判官も検や警や報道陣や被害者や御遺族が味方では盲判か
弁護士の先生様曰く、裁判前後には必ず、裁判官に少しの勇気と良心があればと言うが、小生に言ってもはじまらない。
あとどのくらい寿命が（死刑）あるか知らねど無駄に今日も生きています。
事実は発見されます事を自ら欲しております。

▍風間博子（54歳・東京拘置所）

埼玉連続4人殺人事件（1993）
1957年2月19日生まれ
2001年3月21日　浦和地裁（須田賢）にて死刑判決
2005年7月11日　東京高裁（白木勇）にて死刑判決
2009年6月5日　最高裁（古田佑紀）にて上告棄却、死刑確定
事件には関与していないと主張、支援誌『ふうりん通信』。大道寺幸子基金表現展絵画部門で、第6回奨励賞、第7回優秀賞を受賞。

　私は、無実です。
　私は、断じて殺人など犯しておりません。
　私は、本件殺人に、一切関与していません。
　私は、「埼玉愛犬家殺人事件」の犯人として、1995年1月5日に逮捕されました。
　「埼玉愛犬家殺人事件」とは、93年に起きた3件4人の連続殺人事件ですが、私は、これらどの事件に対しても、事前共謀も現場共謀もしておら

ず、取調段階から一貫して無実の主張をし続けています。

事件の翌年にマスコミ報道が過熱し、事件を解決できぬ埼玉県警はプレッシャーを受け、共犯者Yの妻を微罪の詐欺事件で逮捕しました。

検察と共犯者Yは、Y自身の逮捕後の処遇や処罰及びY妻の保釈を条件に取引をし、「Sと博子が事件の主犯」であるという内容のYの虚偽供述調書を作成しました。

本件は徹頭徹尾、このY供述にのっとった読み筋により、Y供述に相反する証拠や証言は無視するという形で進められました。

警察と検察は、長期捜査を合法化するために再逮捕を繰り返し、証拠収集するための持ち時間を増やしました。それは公判を維持するに足りる客観的証拠が存在しなかった為、「証拠を作る必要」があったからです。そこには検察の、何としても有罪にする、という意地が見えます。

起訴事実に沿う私に対しての証拠は、Yの虚偽供述しかなく、物証は全くありません。

事件と私とを結びつける証拠は主犯Sと共犯者Yの責任転嫁の変遷し矛盾する虚偽供述しかないのです。

警察や検察からの、いかなる手酷い取調べや圧力にも屈せずに、死ぬ思いで精一杯私は頑張りましたが、他人（共犯者）の虚偽自白調書には、どうしようもありません。

しかし、その共犯者Yは、一審及び控訴審の公判に証人出廷して、取調段階における検事との様々な取引きを暴露し、自分の供述調書は検事の作文調書で信用性はゼロだと、証拠能力を全面的に否定しました。

さらにYは、私の罪体について、

「私は、博子さんは、無罪だと信じております」（一審、第14回公判）

「警察で言われたのは、――要は、おれの証言ですよね。おれの証言で、死刑にもなるし、無罪にもなるし、際どい線だと。だから、重要だと。」「物的証拠もなければ、具体的な証拠というものはないと。博子に関しては全くないから、まあ、おれの証言一つにかかっていると。そういうふうに聞いています。」「私は、博子さんは無罪だと思います。言いたいことはそれだけです。」「だから、それを全部省略して、今述べた通り、私は、博子さんは無罪だと思いますと言ったんです。全部、ひっくるめて」（一審、第16回公判）

「人も殺してないのに、何で、死刑判決出んの」「何で博子がここにいんのですよ。問題は殺人事件も何もやってないのに、何でこの場にいるかですよ。それで釈放しないというのはおかしいですよ。おれが出てるんだから。もうこの裁判は、そこから根本がおかしいですよ」「殺してもいない人が殺したとか、そういうところだって、めちゃくちゃだと言ってるんです」「事実は、やってない人がここにまだいるということですよ」「なんで主犯になるのっていうの。そんな警察がややこしい変な捜査をして、わざとそう持っていったんでしょう。単に。おれはそう思います。そこがもう、根本が間違っている。」（控訴審、第3回公判）

「私の答えは、博子はやってません。殺人はやってません。無実です。」（控訴審、第11回公判）等々と私が無実である事を訴え続けてくれました。

私の本件関与の唯一の証拠と言っていいY供述調書の内容をY自身が裁判官の面前の公判で否定しているのですから、Y供述の任意性、信用性に疑いがあることは明らかです。

ところが、検察は、このYの取調段階での虚偽作文調書を最大の根拠として、私に死刑を求め続け、公判を維持してきました。

そして、裁判所は、その検察の期待に十二分に答えました。

一審浦和地裁・須田賢裁判長（控訴審公判時には、東京高裁統括判事）

控訴審東京高裁・白木勇裁判長（上告審公判時には、最高裁判事）

上告審最高裁・古田佑紀裁判長らは、矛盾を矛盾とせず、不合理、不整合は無視して、検察主張の破綻しているストーリーを、無責任にもそのまま認定しました。

私の無実を立証する証拠の開示を、検察は徹底的に拒絶し、私が具体的に立証した無実の主張は無視し、排除し、裁判所もそれを積極的に認めてきました。

検察は、私の取調段階での供述調書を卑劣にも隠し、私の一貫している主張の信用性をおとしめて、裁判所に死刑を求刑しました。

裁判所は、捜査当局が無理算段をして何とか成立させようと切りつめたにもかかわらず所要時間を何分間もオーバーしてしまう検察ストーリーを、不成立を認めながらも尚、「それでも、ほぼ符合する」と片付けるなどして、常識的判断を放棄し、検察のデッチ上げのストーリーを、予断と偏見、詭弁の塊りの判決文で補強しました。

起訴権限を独占する検察は、警察の不了見の見込み捜査にひきずられて、それをうわぬりし、裁判所も疑うことを全くせず、真摯な検討も全くせず、詭弁を集積した虚構の判決文で、私に死刑判決を下したのです。
　そこには、「真実の究明」という、司法の正義も良識も存在していません。
　裁判所と検察は、権力に抗して、長期に渡る過酷な取り調べにも耐え、真実を守った者は死刑とし、権力に屈し、融合、協力して虚偽自白をした者には、寛容な処置をしたのです。
　裁判所の偏見は万能です。
　白を黒とする詭弁も、裁判の名において行なわれれば「正義」となってしまいます。
　しかし、裁判官の職務は、不可能を可能として、無実の者を死刑にすることでは決してないはずです。
　私は、虚偽に満ちている共犯者の責任転嫁と引き込みの供述で、極めて安易に事実認定をした裁判所によって、死刑確定囚とされました。
　私は、到底、「厳格な証明による認定」と言えぬ裁判で、極刑を言い渡されました。
　主犯S供述にも、共犯者Y供述にも、捜査当局の証拠収集方法にも、捜査方法にも、検察の立証方法にも、幾多の疑問が残されているというに、審理を尽さず、矛盾を黙殺して私を死刑にした裁判に正義はありません。
　私は、裁判所はきっと判ってくれる！　必ず潔白となり、帰れる、と期待し、信じていました。
　その希望が叶わなかった時の絶望感たるや、とても言い尽せません。
　狂った人生は、私一人の人生で済む話ではなく、年老いた母や幼なかった子供達の幸福な生活も奪い去ったのです。
　私は、家族の人生を取り戻せぬまま、刑場の露と消えてしまっては、死んでも死にきれず、悔やんでも悔やみ切れません。
　再審の基本的理念である「無辜の救済」の実現を信じ、無罪判決を勝ちとる為の闘いを、これからも不撓不屈の精神で頑張っていく覚悟です。
　辛抱強く、粘り抜く心構えでいますが、獄中に幽閉されている身では、ままならぬ事が多いため、一人でも多くの方が支援会に入って下さり、ご協力、お力添えをして頂けたら嬉しく思います。どうか私を生還させて下さい！

どうぞ、ご支援、ご指導の程、よろしくお願い致します。
何としても、雪冤をはたす決意です!!
ありがとうございました。

高橋秀（48歳・仙台拘置支所）

貸金業者ら2人殺人事件（2001.1.8/2.3）
1963年6月10日生まれ
2004年3月25日　仙台地裁（本間栄一）にて死刑判決
2005年7月26日　仙台高裁（田中亮一）にて死刑判決
2009年6月23日　最高裁（堀籠幸男）上告棄却、死刑確定
旧姓石川。

①被害者及び御遺族方々への謝罪
②自分の犯したことへの反省と後悔
③真実の究明
◎司法当局による世間へのスケープゴート的みせしめ判決のみへの疑問
　私は主犯とされ確定刑になりましたが、未だ動機（犯行）を知りません。
　私の認めさせられた内容は全て共犯者、警察、検察、裁判所の作文。控訴審判決文では、一審判決を支持するために供述、証拠、証言、記録に一切存在しない架空の偽造文書が表記され全体内容に大きな影響を与えています。
◎身に覚えのないことをなぜ認めたのかについて
　現実に被害者、加害者の全てが暴力団員で、外にいる家族、交際者等の身の危険を感じ続けたことによるもの。捜査員に、作成調書にサインしなければ仇をとりたがっている相手方の暴力団組織に別れた妻子、交際者等の居場所をもらすと脅され続けていたこと（事実、捜査員と相手方暴力団組長と取調べ中に携帯で連絡を取り合っていた）。
　送検後間もなく監視カメラ付き監房に自殺防止名目単独で入房させられ、24時間対面監視という鉄柵の目の前に入房中、警察官が椅子に座り、ただ無言で、食事中、トイレ中、就寝中はもちろん、室内にいる間ただただ睨み続けられているのです。入浴中も当然ですが寝ていても無言で睨んでい

るから眠れない。トイレもゆっくりできない。この状態の嫌がらせが２週間続き、精神が破壊されました。

　朝一番からの検事の取り調べがあったとき、朝８時に仙台地検に行き、畳の監房に単独で入り、検事命令と称し呼び出しがあるまで姿勢を正して待てとのことで正座を強要され、取り調べで呼び出されたのが夜の20時前後、終了が24時前後、それから警察に戻り、留置所で24時間対面監視の地獄を連日、数日間受けた時には検事が一人で独り言を呟き、事務官ではなく自らパソコンを打ち、調書を勝手に作成、読み聞かせでは声がほとんど聞こえず意味も分らないまま署名指印が終わりました。

　あとで分ったのはその調書には問答等が多く、私が何も答えていないのに私の主張が意味不明、矛盾、不自然、不合理な内容で記載されていました、全て私の話したセリフとしてです。

　警察・検察曰く、調書は自分たちの主張の資料であり、ないように文句がある時には裁判で争え、そのための公判である。

　弁護士曰く、調書に署名指印したら内容を全て認めたことになり全てが終わりだから、心証を良くするためになるべく話を合わせて努力した方が量刑的に良い、というものでした。

　留置場には約一年程おり数々の嫌がらせを受けました。

　当然その間は弁護士以外、接見禁止であります。

　留置場から取調室までの連行時、階段での足の引っかけや両手錠腰縄だから腰縄を強く引かれすぐ緩ませるなどをして階段を踏み外しそうなことや、取調室で補助捜査員が横に座り足を組み替える振りをしてケリを入れてくることなど毎日のことでした。現場検証で意に添わない証言をしたらすぐ足払いをかけられ、サッカボールキックを背中と言わず腰と言わずやられるのも毎度のことでした。

　そのうえ監房では24時間対面監視です。私は弱い人間で耐えられませんでした。自分で考え答える力がなくなり、ほとんど捜査員に考えてもらいました。

　この事は当番弁護士を私選にしたので、すぐ訴えた所、立証が不可能で違法性を争うのは無理なこと、たとえ事実でも暴力団員の訴えを信じるものはいないので不利になるから公表をしない方が良いと釘を刺されたこと（一審弁護人は二審で国選になったので、この件は表に出ていません。）

④上告審は癌闘病中に一方的に審理を打ち切られ、何も訴えられず終わってしまったことへの無念。(最高検が拘置所の談と称し本人は完全完治し健常生活を過ごしている旨最高裁に伝えたとのことで弁護人に連絡が入り弁論日が指定されたが私は治療中でおかゆをすする状態だった。現在も闘病が続いています。)

※ただし、責任転換の気持ちはなく、反省と悔悟の上で真実を求めているのです。自分の罪は罪として謝罪の念を忘れず日々頭を下げ続ける毎日であります。それと真相究明は別の問題であります。

(裁判員に)

　裁判員裁判で〔裁判員になった人が〕未だに素人と言っている方々が理解できない。被害者、加害者、両家族等の人生がかかっていることで、参加が義務である以上、最低限の知識を得るのは当然。死刑判決を出したら、執行の時はその裁判員、裁判官、検事が遺族と一緒に執行をするのが当然だと思う。

　精神的負担というが、被告人には責任をとらせるのに、その判決を望み、結論を出した人が責任をとらないのは無責任で矛盾していると思う。嫌ならそんな制度は廃止するように声を上げてほしい。

　裁判員で良い経験になったという人が多いが、理解できない。想い出の1ページのために人生を左右される被害者、加害者、家族はたまったものじゃないと思う。

早川紀代秀（62歳・東京拘置所）

坂本弁護士一家殺人事件等（89.11～）
1949年7月14日生まれ
2000年7月28日　東京地裁（金山薫）にて死刑判決
2004年5月14日　東京高裁（中川武隆）にて死刑判決
2009年7月17日　最高裁（中川了滋）にて上告棄却、死刑確定
2010年8月23日　第一次再審申立
著書に『私にとってオウムとは何だったのか』（川村邦光との共著、ポプラ社、2005年刊）。

死刑制度反対の江田法相が一日でも長く法相を続けられることを強く望んでいます。間違っても、自民党政権時代のように１ヶ月ないし２ヶ月ごとに数人の死刑執行が当り前のような状態にはならないことを望みます。死刑も殺人であり、それに関係した人及び国民全般にとって、よくない影響をもたらすことを強く訴えたいと思います。

　また、再審請求中には、執行をみあわせるという現行の処置が今後も厳守されるよう願いたいです。

　最近は少しましになってきたようですが、公判廷での証言よりも、取調べ段階での検面調書を信じるという日本の裁判官の悪癖がある以上、事実誤認はさけられません。複数犯の場合は、誰がどうしたかなど、細かな事実については特にそうです。そうした事実誤認によって、死刑と量刑判断されたものにとっては、再審請求が残された唯一の希望です。この希望にすがっている者を執行することは、これまで通り避けてもらいたいと思います。

　正直いって、私の量刑判断には不満です。私が命令したわけでもなく、私が直接この手で殺したわけでもないのに死刑かという思いがあります。確かに共同正犯としての責任はあります。事件そのものは許しがたいものであり、死刑が当然というのもわかります。しかし、単独での殺人がすべて死刑ではないように、許しがたい事件の共同正犯がすべて死刑かというと、そうではありません。現に、林郁夫は、共同正犯として12人を殺し、自分の手でも２人を殺していますが、死刑を求刑すらされず、無期判決です。一方、自分の手では殺していない横山真人や私は死刑です。いったいこの差は何なのでしょうか。死刑か否かという重大な判断において、その基準となるものは、極めてあいまいです。単独犯においても、一応永山基準というものがあるものの、あいまいなものです。このような、あいまいさを含んだ死刑制度のもとでホイホイ執行していくことが正しいことでしょうか。江田法相のように、慎重に対応する姿勢こそが、正しいことだと訴えたいです。

　死刑制度についてですが、私も廃止すべきと思います。正直なところ、自分が死刑を執行されるのがいやだからという面は否定しませんが、主な理由は別のところにあります。

理由１、「死刑もまた避けるべき『殺人』にほかならない」というのは、まったくその通りで、国による、法による殺人、殺生です。国や法によるといったところで、命じたり、行なったりするのは、生身の人間です。

　仏教的考えによれば、行なったことは、必ずその行為の結果（カルマ）を受けますが、死刑による殺人の場合も例外ではありません。関係した人々は、その関係した責任の重さに応じて各々、殺人のカルマを負うことになります。最終的には死刑制度を容認している国民一人一人にも、そのカルマはかかってきます。殺生（殺人）のカルマを負うことで、将来国民のためになるような良いことは一切ありません。国民の将来を思えば、死刑は廃止すべきです。

　理由２、悪をなせば、その悪が将来自分に返ってくるというのが仏教のカルマの法則ですから、殺生（殺人）をすれば、必ず将来その報い（罰）は受けます。わざわざ法律で罰を与えるまでもありません。法律の刑罰のうち罰はいらないということです。

　では刑はどうかというと、これは本人の改正のため、被害者や遺族への償いのため、抑止力のためという面で必要と思います。

　そこで死刑を考えたとき、本人の改正を問題にしていないことは言うまでもありません。では、償いはどうか、殺して償なわせることができるものとは何でしょうか？　償いは生かしてこそ、できるものではないでしょうか。抑止力については、死刑のある国とない国、例えば、日本や米国と、ヨーロッパ等で殺人の犯罪率に大きな違いがあるのならともかく、そうでない以上、根拠となるものはありません。以前我国で、「死刑になりたいために人を殺した（殺そうとした）」という犯行がありましたが、これなど抑止力どころか逆効果です。

　以上より、死刑の刑としての意味はありません。従って、死刑は廃止すべきです。

　最後に、死刑制度に関連して、あい変わらずのマスコミについて一言。

　最近、死刑執行が止まって丸１年ということで、新聞（読売が回覧されて来ます）に、このことが、二度、三度と出て来ます。「何度も同じような記事を出すことか」と思いますが、８月１日の朝刊では、ついに大きな見出しで、「死刑執行１年ストップ」とあり、異常な事態であるかのごとくあおっ

ています。死刑囚が 120 人になったことを強調し、「120 人の中にはオウム真理教の松本智津夫死刑囚（56）ら教団幹部 11 人や和歌山市の毒物カレー事件の林眞須美死刑囚（50）がいる」とあります。これでは、名前を出されたものは、「こんな人までまだ執行されていませんよ。早く執行しないと」と言われているようなものです。オウム裁判では、私の共犯者も含めて 2 人がまだ上告中です。もし、オウムの名前を出すのなら、そのことも書くべきでしょう。長官事件のときの報道といい、あい変わらずのマスコミにはうんざりします。 　　　　　　　　　　　　　　　　　　　　（2011 年 8 月 1 日記）

窪田勇次（66 歳・札幌拘置所）

北見夫婦殺人事件（1988.10）
1945 年 1 月 1 日生まれ
2004 年 3 月 2 日　釧路地裁北見支部（伊東顕）にて死刑判決
2005 年 12 月 1 日　札幌高裁（長島孝太郎）にて死刑判決
2009 年 12 月 4 日最高裁（古田佑紀）上告棄却、死刑確定
13 年余逃亡し時効成立の 10 ヵ月前に逮捕された。無罪を主張。

　当拘置所は既に 8 年も居りますので、各職員の方々とも気心が知れており、又、細々とお気使いもして下さっており、平穏な日々を過させて頂いております。言葉使いも大変、穏やかであります。又、毎月 1 回、統括の方の面談が必ず有り、気持が和みます。又、近親の者と支援者の面会も頂きますので、精神面の不安は一切有りません。
　数年前から支援者の方からも励ましを頂き、なぜ私に犯人としての濡衣を着せたのかを私は訴える為、その訴えの根拠を呈示して北海道警察の本部長殿川一郎氏宛に、内容証明書約 70 枚に及ぶ長文を書き郵便局へ提出しているのですが、小さなミスとか、ペンのインクの擦れ又は、ひらがな、要するに字が下手な点を数々指摘され、5 月 17 日、5 月 31 日、6 月 15 日と三度ダメを押されて只今改めて 4 度目の挑戦をしておりますが、完成するのが 7 月上旬と考えており、完成次第、コピーをして送らせて頂きたく考えております。果してその許可が出るかどうかも判りませんが、努力してみます。

井上嘉浩（42歳・東京拘置所）

地下鉄サリン事件、仮谷事件等（94.1〜95.3）
1969年12月28日生まれ
2000年6月6日　東京地裁（井上弘道）にて無期懲役判決
2004年5月28日　東京高裁（山田利夫）にて死刑判決
2009年12月10日　最高裁（金築誠志）上告棄却、死刑確定
一審は無期懲役判決。

詩「蛙の念仏」

遠く離れたふるさとの田んぼでは
田植えがはじまり蛙が大合唱をはじめると
不思議とよく雨が降りました
ケロケロと雨ふれふれと呼びかけているようで
大空と小さな蛙と雨の仲間になりたくなりました。

青年になると蛙の鳴き声はただやかましく
小さな生き物たちの声に心を閉ざした私は
希望の見えない社会に失望し生きる意味を
受験勉強の解答のように宗教に求めてしまい
ハルマゲドンからの救済の大義のとりことなりました。

自分で考えるなそれはエゴで煩悩で救いはない
空っぽになって言われたことをやりつづけろ
出家した私はこの教えの生活にはまり込み
闇路を走りつづけては自分の足音すら恐くなり
偽善と大義の陶酔の中で目前のワークに没入しました。

牢獄で少しずつ自分を取り戻しはじめると
見渡すかぎり他者の命を奪い苦しめた罪の海
犯した罪をどれほど恐れ苦しみもだいても
被害者の方々の痛みや苦しみをいやすことはできず

どうすることもできない無力さに打ちのめされました。

リンリンリーンと鈴虫が秋になると鳴きはじめ
愚かな私の心にもいのちの声がしみてきます
一雨ごとに闇から聞こえる歌も小さくなり
自然の掟の中で消えゆく命のわびしさに
ただじっとうずくまりポロリと涙がこぼれます。

父母と恩師の温情のご縁により
生きて罪を償うために多くの方々に手を差し伸べていただき
二度とこのような宗教の名のもとで犯罪が起きないように
全ての罪を自分の罪として償う覚悟をもって
被害者の方々の痛みをかみしめて生かしてもらっております。

やかましく鳴いておる田んぼの蛙は何だと聞く子に
彼こそは法蔵比丘よと答えた母がいた逸話に驚愕しました
ふるさとの蛙が南無阿弥陀仏と呼びかけてきます
あぁなんという罪業の身私にはこの道をたどることでしか
いのちの大地に両手をついて無心に念仏する蛙に出遇えませんでした。

かたじけない本願は罪人をいやすものではなく
罪を照らし救いようのない姿を教えて下さいます
それでも罪のどろ沼の中で蛙はずっと鳴きつづけ
つながりあういのちの痛みと愛を知れと呼びかけて
救われぬわが身にも念仏の慈雨が降り注ぎます。

菅峰夫（61歳・福岡拘置所）

福岡庄内連続殺人事件（96.6.8/11.19）
1950年10月4日生まれ
2004年3月11日　福岡地裁（林秀文）にて死刑判決

■ 2006年5月24日　福岡高裁（虎井寧夫）にて死刑判決
■ 2009年12月11日　最高裁（古田佑紀）上告棄却、死刑確定
■ 2010年9月28日　再審請求申立

1．冤罪である事。
2．共犯とされる者が、極めて悪質な誣告事件を捏造され、別件逮捕を受け、切り違え尋問にて騙され自白した。この違法収集証拠の証拠禁止とされる供述を基に構成され、私を起訴する訴因を形造っています。この供述が真実であるなら、何も問題は起きないのですが、自己救済のため虚偽供述に終始し、これを警察と検察が自己利益のため誘導する事で、事件そのものを実体真実でなく、全く新らしい事件に創り変え陥れを企てたのです。これらの行為は裁判にて露呈する。これを妨げたのが、私の味方であるはずの国選ではあるものの弁護人であり、被告人である私の代理権を悪用し、背任行為によって、実体の無い架空事実の認定を共謀した。「公判中」共犯者とする者が、「自らの供述は全てデタラメでしたと供述したのです。」この供述を公判調書から消滅させた。これが可能な者は書記官以外になく、同人は行使する理由がない事から、裁判長命令により実行された事と成る。裁判長には専権事項として、公判調書の修正が許されているものの、裁判そのものの継続に影響を与える内容の改ざんは許されておらず、証拠隠滅に抵触する公文書の虚偽作成と同行使を犯すものであります。

　警察・検察・弁護士・裁判長が1つの「共通認識」をもって、組織的かつ恒常的に実行され罪の意識すら無い。この様な不適正極まる裁判を行使する背景と成る「共通認識」とは、私が有罪であると、確たる証拠が存在する、いわゆる「私が犯人でなければ説明できない物証がある」と「信じ込み」他の事実関係は全て出鱈目であっても有罪認定が可能との判断がり、又、その通り認定し判決に及んだのです。ところが、共通認識の基礎であるはずの証拠が捏造されたものであったのです。

　その証拠の存在さえあれば犯人性を認定される、との判断から、この部分をきっちり捏造する事で、公判でたとえ供述の辻褄が合わずデタラメで架空な事件構図が露呈しても、裁判所の判断に変化は無い。従ってこの部分の捏造に警察と検察が終始し、実体真実の追求の手を抜く背景と成る。

「私の場合どの様な手法が成されたか」

　「虚偽」か「錯誤」かは別として、被害者の遺体鑑定を間違えた。「絞殺」を「扼殺」と、この間違えた方の殺害手法とピタッと整合する供述を共犯とする者がする。「私の行為として!!」まさか、被害者の遺体鑑定が「虚偽」若しくは「錯誤」である事が、露呈するとは思って無かったでしょうが、手口が巧妙で恒常的なれど、確認できる事実が大量に存在する。供述者が自ら体験しない行為を、被害者遺体鑑定結果と整合させるには、この結果を知る警察・検察の関与（教示）なく成立しません。

　事件の公訴事実における主体である殺害態様を、新たに創造する訴因の捏造が明白となる事件です。私が見たままの真実をいくら訴えても、捏造された被害者遺体鑑定結果と整合する供述を、裁判所は信用すると共に、「他の私の訴えは全て信用できない」というレッテルを貼られる事と成る極めて悪質な手段を行使した。さらに、被害者胸部に残留するとされる足形（靴）が供述者の物である事を認知の上、私の物であると捏造する事で私の犯人性をさらに捏造した。たしかに供述者に特殊な事情があったが、これを悪用された（意見書補充に記載）。

　〝動機の捏造〟認定では、犯行動機を「不動産取引に拘り巨額の利益が存在する。この既得利益を守るため犯行に及んだ。」だが、この不動産取引が成立しない事が明白であり、又同物件にて、いかなる手法でも利益が発生しない事を、常識的社会通念にて明白なのです（既証明済み）。この様に徹頭徹尾捏造した事件を、まともに現場検証を行使すると「供述」と「検証」が整合しなく成るため大量な虚偽検証を実行したのです（既証明済み）。

　警察は、実体真実の追求をせず、自ら新たに詐話し捏造した事件をそのまま認めろ!!と強要したが、応じない私に暴行に及び、日を追うごとに激しく成り、検察に暴行の実態を訴え救済を求めたが、逆に検察に訴えた事を理由にさらなる暴行を受けました。このため重傷を負いました(意見書補充記載)。その重傷を裁判所が認めないため、14年を越す今日、治療されず障害に苦しむ毎日です。法治国家であるはずの日本における「取調べ」と「裁判」の実態であり、堂々とまかり通る人権侵害です。憲法、刑法の違反は裁判所が認めなければ成立しません。取調べの可視化を拒む根拠がここにある。供述者は、「私から脅され犯行に加担せざるを得ませんでした」と供述する。私は供述者から１億円を超す実被害を受けており、これを警察、検察に告訴し

ましたが、両者は受付を拒否しました。この様な犯人蔵匿を行使する背景は、常態における供述者と私との関係において多額の被害を受ける私が犯行時のみ供述者を脅し加担させる事が常識的に不可能である事が露呈するため隠滅する必要があった。この行為は、供述者の虚偽供述を虚偽と認知の上、正当化しようとした証拠でもある。これらの違法の修正を求めるため私選弁護人を選任しようとしたところ、これも妨害を受ける始末でした。何故司法関係者が違法行為をくり返すかは、自らの行為の責任を取らない事に尽きる。隠蔽体質に基づく相互幇助によって成立する。各組織には立派な訴追委員会がありますが、訴えを握り潰す機能以外に無く、絵に書いた「もち」化しています。「地方」「国家」公務員法も同様です。記載する事実に虚偽は一切無く全て証拠が存在する。違法をくり返す。根拠には前記述する責任を取らない（自己保身確保）が第1である事。次に私が有罪である、と信じているため違法な手段であっても、罪悪感すら無く「悪事」を見逃さない、という思いが先行する。だが有罪であると信じる根拠である証拠が捏造されたものであった。この捏造された証拠を、「共通認識」をもって裁判した結果なのです。

　犯罪を取り締る立場の者が犯罪に手を染めており、真相を究明し、致命的な結果と成る前に修正する必要があります。

　捏造した訴因の公訴事実に基づく判決は、「殺人」以外の何物でもありません。死刑の存否を国民に問う事も大切ですが、司法による殺人を絶対的に阻止するべきであり、司法自らは、不可能であり、理由は前記述通りです。政治が勇断を下すべきです。今後、司法の都合で殺害される者が出ないように‼　お願い致します。

金川真大（28歳・東京拘置所）

土浦連続殺傷事件（08.3.19〜3.23）
1983年10月13日生まれ
2009年12月18日　水戸地裁（鈴嶋晋一）にて死刑判決
2009年12月28日　控訴取り下げにより、死刑確定

こうして生きてることは、時間のムダ、税金のムダ。

法務省の人間を皆殺しにしてやりたいね。
死刑執行は6ヶ月以内。守られていない。
テメエで作った法をテメエで守らないのはバカだ
どのツラさげて悪人を裁くんだ？

　P.S　福島さんはもし、自分の家族が誰かに殺されたとしたら、その犯人を許せますか？
　その犯人を死刑にはしたくないと思えるんでしょうか？
　死刑は必要だと思いますけど……。

大橋建治（71歳・大阪拘置所）

> 大阪・岐阜連続女性強盗殺人事件（05.4.27/5.11）
> 1940年12月3日生まれ
> 2006年11月2日　大阪地裁（中川博之）にて死刑判決
> 2007年4月27日　大阪高裁（陶山博生）　にて死刑判決
> 2010年1月29日　最高裁（竹内行夫）にて上告棄却、死刑確定

　私達のような救いの無い大きな罪を犯しました者に、暖かいお心を向けて頂いていますことに心からの御礼を申し上げます。
　たとえそれが死刑という制度に対する疑義からだと致しましても、やはりありがたいお心だと、かみしめさせて頂いています。
　本当にありがとう御座居ます。

　私が逮捕されましてから、もうすぐ6年になりますが、最初から今日現在に至りますまで、大阪弁護士会の中道武美先生にお世話になっています。
　私は前科七犯で42才の年まで、刑務所への出入りを止められない大バカ者でした。その私が巡り逢ったひとりの心優しい女性に、もうこれから先は悪いことはしないで下さいと励まされ、励まされして、23年間もの間、一度も警察のお世話になることなく働きました。
　いい訳にもなりませんが、魔がさしたのです。

いえ、やはり根っこの部分はくさったままだったのかも知れません。ほんのわずかの借金返済にあせり、23年間もの封印を切り、盗みに入った一軒目のおうちの中で昼寝をされていた家人と顔をあわせて、大声を出され、気がついた時には、夢にも思わなかった殺人という大罪と向きあう身になっていました。

　自分の愚かすぎる行為を全部タナに上げて、なんで一軒目でと、ただただ運の悪さをなげき、被害者の方のご無念、ご遺族様のとたんの悲しみにも背を向けてヒザを抱えていました。
　そんな私に中道先生は、私の犯した２つの殺人という大罪にきちんと向きあいなさい、お２人様のごめい福を一日も欠かさず祈り続けなさい、そして自分自身が死ぬよりも深い悲しみを抱えて生きておられるご遺族様への心からのお詫びをやはり一日も欠かさずしなさいとお教え下さいました。厳しいつらいお言葉ばかりでしたが、ただどんな時でもいつも春のお日様のような暖かい笑顔で私をつつんで下さいました。
　法廷でもいつも全力でご自分の身をたてにして、私を守って下さいました。なんの悔いも無い戦いをさせて下さいました。
　一審は国選でしたが、二審からは私選でないと私の弁護が出来なくなるとのことで、私選の手続きをとらせて頂きまして、現在に至っています。勿論無償です。
　無償どころか、この６年近い長い時間、力いっぱいのお力添えを賜ってございます。御礼の言葉もございません。
　中道先生のお心がそばになければ最高裁まで戦う気力はとてもありませんでした。いまも一日に何回も両手を合わせて、ごめい福をお祈りし続けている心も無かったかも知れません。こんな悲しい罪を犯す前に先生とお逢い出来ていればと無念です。
　いまも殺意に関してのみで、再審のための準備中ですが、これも中道先生の生命を大切にしなさいというお言葉に寄りかからせて頂いてのことです。
　ご遺族様のお心を思えば、私が今日一日を生きるということがどれ程許されないかという、せめぎあいを抱えながらですが、やはりつらいし悲しいです。
　執行にしろ、病死にしろ、もしも次の世でお２人様にお逢いできましたら、

心からのお詫びを申し上げさせて頂きまして、お2人様から判決を頂きたいと思っています。たとえ八つ裂きの刑でありましても、それが私が頂く本当の刑だと思いますので。

　次に、この中の処遇の変化について少しだけお答え致します。
　ご存知かとも思いますが、大阪拘置所は、現在10年計画とかで建て替えの途中です。ですから少しは腰の浮いた処遇になる面もあるかとは思います。お含みおき下さい。
　細かいことを申し上げれば、いままで、タテにするのを許可されていたものが、横にしなさい、タテはダメですというささいなことは、所長さんを始め上の役職の人が転勤で変わるたびにあります。前任者と違う厳しさを見せたいのだろうとは思いますが、ほとんどが思いつきだろうと思うことばかりです。
　欧米の施設では電話も出来、面会もアクリル板や金網の無い部屋で出来る様子を見聞き致しますと、死刑制度だけではない、この国の遅れを痛感致します。
　私が5年以上前にこちらでお世話になりました時には、舎房の廊下や空部屋のそうじには、そうじ機を使用されていました。それが2年ちょっと前からは全部ほうきとチリトリになりました。なんでもそうじ機の使用は法律違反ですとか。この時代にそうじ機の使用が法律違反とはわけのわからない話です。ちなみに警察の留置場では全部そうじ機でした。また、我々がして頂いています散髪も、当時は一ヶ月に一度でしたが、一年半程前からは二ヶ月に一度に後退致しました。
　ご遺族様へのお詫びの手紙も、私から直接では出しにくくなっています。
　当初便箋8枚をアンケート用紙の中に同封致しましたところ、この中の一度の手紙では便箋7枚までという規則にふれるので、8枚では許可出来ません、続きがあれば別便にして下さいとご指導を賜りましたので書き直しています。申し訳ございませんが、一日遅れでもう一通お出し致しますので、どうか宜しくご受納下さい。　　　　　　　　　　　　　　　七月末日

　一通目のご遺族様へのお詫びの手紙も、私から直接では出しにくくなりましたの続きです。

私から中道先生にお出しして、先生からご遺族様への転送という形になります。
　ここの職員さんも絶対にダメだとは言われないのですが、いまは皆さんにそうしてもらっているので、なるべくそうして下さい、ここから直接はやめて下さいとお話にこられました。切手のムダ使いとか先生へのご迷惑は無視です。ご遺族様からのここへの抗議等トラブルの防止かと思われます。
　千人も二千人もの収容者を抱えている施設ですので、規則は大切だと思いますし、仕方はないかとも思うのですが、わかっていて犯した罪の結果ですし、処遇への不平や不満もすべて全部自分の罪を高い場所に放り上げてのお話しです。バカです。
　以上です。

　なんのお役にも立てませんでした。どうかお許し下さい。
　皆様方の戦いにいつか花開く日のきますことを、そして死刑ですとか無期ですとかの悲しい刑が必要の無い思いやりのあふれた世の中のきますことを心からお祈り申し上げています。　　（平成二十三年七月末日）

吉田純子（52歳・福岡拘置所）

看護師連続保険金殺人事件（98.1.24 〜 99.3.27）
1959年7月10日生まれ
2004年9月24日　福岡地裁（谷敏行）にて死刑判決
2006年5月16日　福岡高裁（浜崎裕）にて死刑判決
2010年1月29日　最高裁（金築誠志）にて上告棄却、死刑判決

　今は、東日本に、居を構えていらしたすべての皆さま方に、一日も早い復興と平安な暮らしが訪れること、それこそが、重要課題にして最も優先されるべきものであると強く思います。
　そんななか、私のような身分（確定囚）に在るものは、ただ、ひとりのクリスチャンとして、被災者の方々に、「お祈り」を捧げ尽くすことしかできません。(申しわけなく思います。)それでも、私は、今、祈らずにはおれません。(毎日、4回は必ず、祈りを捧げております——。)

ここに、大愚のクリスチャンより、日本全国のクリスチャン・シスター及びブラザーあるいは、クリスチャンでなくとも主（イエス・キリスト）を信じていらっしゃる信仰の友の皆さま方に、お願いがございます。
　どうか、皆で心をひとつに合わせ、この「被災者のための祈り」を祈りの一致として捧げましょう――。クリスチャンに限らず、心惹かれる方にも「お祈り」頂きますれば、とても幸いと存じます。
　ローマ教皇（ベネディクト16世）もおそらく日本を憂いつ、心を込め、いと神聖なる祈りを尽くされているものと信じます―。

　わたくしの犯した罪は決して決して赦されざるべきものではなきことと重く受けとめ、日々、内省と悔悟を胸に刻み、懺悔の祈りを捧げております。これからも私の最期のさいごの刻（とき）まで、幼な子クリスチャンとして祈りを捧げさせていただきます。
　私の祈りのゆえではなく――、ただただ、主（イエス・キリスト）の御名のゆえに、心を込めお祈り申し上げます――。
　「被害者の魂が、天国で安らかに憩うことができますように……
　　被害者のご遺族すべての方に、主のお慰みと癒しがありますように……
　　アァーメン」

高尾康司（48歳・東京拘置所）

館山連続放火事件（03.12.18）
1963年10月3日生まれ
2005年2月21日　千葉地裁（土屋靖之）にて死刑判決
2006年9月28日　東京高裁（須田賢）にて死刑判決
2010年9月16日　最高裁（横田尤孝）にて上告棄却、死刑判決
大道寺幸子基金表現展第5回の絵画部門で奨励賞受賞

　あえて私の事件のことにはふれませんが、私が、裁判で確定する前から、様々な事件がおきてきました。ニュースで聞いて知ってますが、確定後も色々な事件もおきてます。たしかに事件が多すぎると思っております。お金目当てに簡単に人を殺したりする事件が多く思われます。また、裁判員裁判も一

年がすぎてからは、やたらに死刑判決も乱発しているのではないかと私なりに思っています。あと、私も死刑確定者として、日々、前向きに生きてます。またいつ処刑されるかおびえながら生きております。同じ人間です。生きているから償えると思ってます。死刑は反対です。

藤﨑宗司（50歳・東京拘置所）

鉾田連続強盗殺人事件（05.1.21～1.28）
1961年8月31日生まれ
2005年12月22日　水戸地裁（林正彦）にて死刑判決
2006年12月21日　東京高裁（河辺義正）にて死刑判決
2010年10月14日　最高裁（桜井龍子）にて上告棄却、死刑判決

　毎日あつい日がつづきます。
　自分はいしんが死刑です。にしんも死刑です。
　弁護士が今こうそうちゅうです。自分は平成23年12月2日には刑が確定します。あとはんとしかありません。自分の命生も長生きしたいです。長生きできません。本当につらいです。
　自分は部屋でテレビをみています。いしゅかんに1回です。アニメや洋画やドラマがみられます。おもしろいです。現金と切手の差し入れをお願いします。
　面会にきて下さい。まっています。たのしみにしています。
　シスターが面会にきてくれます。毎月1回はきます。自分はあとはんとしか生きられません。本当です。自分の刑が、きまっています。平成23年12月2日には自分は刑がかくていします。本当です。なんとかなりませんか。

原正志（54歳・福岡拘置所）

替え玉保険金等殺人事件（02.1.8～31）
1957年8月12日まれ
2005年5月16日　福岡地裁小倉支部（野島秀夫）にて死刑判決

▌2007 年 1 月 16 日　福岡高裁（浜崎裕）にて死刑判決
　2010 年 11 月 8 日　最高裁（須藤正彦）にて上告棄却、死刑判決
　大道寺幸子基金表現展第 6 回の絵画部門で敢闘賞を受賞。

　死刑は廃止すべきだと思います。憲法第 36 条『公務員による拷問及び残虐な刑罰は、絶対にこれを禁ずる』に反して居るからです。国際的に見ても、ドイツでは 1949 年死刑廃止、1981 年終身刑廃止、アメリカでもアラスカ州を始め 15 の州で死刑廃止をして居ます。トルコ、ロシア、アルメニア、韓国、フィリッピン、カンボジア、ミャンマー、ラオスでも死刑廃止をして居ます。世界では、139 ヶ国（70.4％）が死刑廃止国で、死刑存置国は、58 ヶ国（29.6％）です。台湾でも、法相が代えられる前は、死刑執行停止をして居ました。日本政府は、世界の潮流に逆らって居るので、直ちに死刑廃止をするべきです。

第 3 回大道寺幸子基金表現展（2007 年）応募作品

　確定してから『救援』、『FORUM90』、『解放』（水無月社）、『ユニテ通信希望』、『わたげ』、『死刑と人権』、が入ら無く成りました。確定する時、企画首席は、死刑廃止団体は入れ無いと言いました。人権侵害です。

　又、特別抗告でも書いたのですが、最高裁判所昭和 23 年 3 月 12 日大法廷判死刑合憲の判断
①一般予防凶悪犯罪の防止から　②特別予防（改善更生の不可能である特殊な社会悪の根元を絶つ必要性）。殺人事件は、年々減っており、①一般予防凶悪犯罪の抑止効果は無い。判決は、改善更生不可能として、死刑を選択している所で有りますが、前の異議申立書により（私は、朝 1 回、夕 3 回、親鸞聖人の『正信偈』で被害者の御 2 人の御冥福の為、御祈り致してます。又、朝昼夕 Losario（ロザリオ）で 2 人の被害者の御冥福の為、御祈り致してます。）により、その判示は誤りであり、結局の所、私は②のケースにも該当しない。
◎戦争と死刑は国家による殺人です。又、死刑判決及び死刑執行が著しく増

している事に対して、「これだけ増えている事は本当に、犯罪に対する抑止効果が有るのか（無いのではないか）（シャネ委員）又、必要上訴権を行使していないのは、それが困難な為ではないか。（ロドリー委員）（『年報・死刑廃止2009』インパクト出版会214P下段より）政府は死刑廃止を求める国際社会と対話すべきだ。

死を以って償うという死刑制度は絶対天皇制の名残です。
2010.7.28 千葉法相死刑執行弾劾!!　辺野古沖新基地建設反対!!
福島原発事故弾劾!!　日本政府のAfghanistan（アフガニスタン）50億ドル支援反対!!　安保破棄!!　天皇制廃止!!　消費税値上反対!!
私は、二人の被害者の御遺族の為に、生きて償いたいと思います。
組対法反対!!　ソマリア沖3軍統合派兵反対!!　朝鮮民主主義人民共和国船舶への臨検法反対!!　内に抑圧、外に侵略の軍国主義反対!!　プルサーマルMOX燃料使用反対!!　高速増殖炉「もんじゅ」再稼働反対!!　六ヶ所再処理工場操業反対!!　原発を廃炉に!!

熊谷徳久（71歳・東京拘置所）

横浜中華街主婦銃殺事件等（2004.5.29）
1940年5月8日生まれ
2006年4月17日　東京地裁（毛利晴光）にて無期懲役判決
2007年4月25日　東京高裁（高橋省吾）にて死刑判決
2011年3月1日　最高裁（田原睦夫）にて上告棄却、死刑確定

　死刑囚の着物や食物を盗り上げる事が1番ん悪い牢番である。日本人を同じ日本人をいじめている事で、寝る布団も入れない。日本国の日本人である。現在は自分は鎮静房と同じが6ヶ月1年間は続くと思います。
　日本国は自由民主主義国家と言うが嘘である。現実に自分は自分の物があっても着せない、トップの牢番は知らない。責任はトップと言って、いいのがれをする。終戦後より悪るくなっている。1番ん悪い歳は35才〜45才位のが1番ん死刑囚を憎み恨んでいる。若い牢番の人達は悪くない。ひとにぎりの人間であります。
　自分は、平成23年3月8日に脱走を企てて、武器を造り、牢番を傷つけ

ている人間で平成23年3月31日に懲罰を40日間ん懲罰をくらい、平成23年3月29日に運動所で自殺未遂で懲罰は5日間であり、40日間の懲罰が36日に短くなり、4日間ん面罰をもらう。平成23年3月29日より、夜は寝る時きは布団はなしで鎮静房と同じであり毛布が3枚と黒色の上、下の黒色の下が5ミリと上が1cmの黒色の布である。現在は、鎮静房と同じであるが自分としてと言う お前は特別な人間であるからと言っている。自分は懲罰中はなにも言わないでいるが、自分はどうしても我慢にならないで、平成23年6月24日の日に午後4時頃に老眼のメガネのフレムーの鉄で心どうをつくが骨と骨との間で1cm位いささるが、あと1押がなく、現在は生きている。心どまで10cm位であるが残念ならない。現在はもっときびしい生活になる。

　項のお手紙は鎮静房より出て、福島さんより、お手紙であったので、すぐに書く。平成23.6.28日にお手紙を書く。老目で申しわけ有りません。書くのがメガネがなくやっとであります。医療の課長にお願いして買うつもり新しいメガネを。頼でいます。

小林正人（36歳・東京拘置所）

木曽川・長良川殺人事件（1994.9〜10）
1975年3月19日生まれ
2001年7月9日　名古屋地裁（石山容示）にて死刑判決
2005年10月14日　名古屋高裁（川原誠）にて死刑判決
2011年3月10日　最高裁（桜井龍子）にて上告棄却、死刑判決。
少年3人に死刑が求刑され、他の2人には1審では無期懲役判決、2審で3人に死刑判決。

（裁判官に）真実、こちらの主張に真面目に真剣に向き合い、判断してくれる裁判官に出会いたいものです。その人に出会えるまで戦い続けるつもりです。
（弁護人に）問題児？でしたが、弁護していただいて感謝しております。今後とも宜しくお願い致します。
（職員に）いい職員はどこにおってもいい職員です。ガンバッて下さい。7

割以上はダメ職員ですけどね。
(拘置所長&幹部)一かいもう一度、勉強し直して来たほうが良いと思います。
(支援者に) いつもありがとうございます。必ず会う日が来ます。それまで互いに健康&元気で乗りきりましょう。今後も宜しくお願いします。
(処遇の変化で悪くなったこと)職員・幹部の人材不足の結果、マニュアル生活の促進。こちらは動物園のサルではない。態度、口の礼儀をわきまえない者の増員。

小森淳（36歳・名古屋拘置所）

木曽川・長良川殺人事件（1994.9〜10）
1975年7月21日生まれ
2001年7月9日　名古屋地裁（石山容示）にて無期懲役判決
2005年10月14日　名古屋高裁（川原誠）にて死刑判決
2011年3月10日　最高裁（桜井龍子）にて上告棄却、死刑判決。
1審無期、高裁で死刑判決。複数の少年に死刑は高裁では初めて。

　裁判所なら事件の本当の事が分かって呉れるのではないかとも思ってましたが、自分の考えが甘かったのを実感しました。大罪を犯した者は事件の事実に沿った裁きを受けたいと思ってはいけないのでしょうか。
　裁判所と言うところがもっと信用される様に変わって頂きたいです。
(支援者・弁護人へ)私みたいな者を支えて頂き、感謝の言葉しかございません。皆さんのお陰で日々を大切にして励んでおります。誠に有り難うございます。

渕上幸春（42歳・福岡拘置所）

宮崎連続殺人事件（1999.3.25/9.20）
1969年1月23日生まれ
2003年5月26日　宮崎地裁（小松平内）にて死刑判決
2007年1月23日　福岡高裁宮崎支部（竹田隆）にて死刑判決
2011年4月14日　最高裁（田原睦夫）にて上告棄却、死刑確定

■　1件は無罪、1件は事実誤認を主張。現在進行性筋ジストロフィーで自力歩行も困難。

　殺人事件をでっち上げた警察官・検察官・誤判を下した裁判官らに対し、「今に見ておれ」と言いたい。
　裁判官の自由心証は、無罪推定の原則を貫徹すべく、「疑わしきは被告人の利益に」働くものでなけなければならない。

遠藤誠一（51歳・東京拘置所）

松本・地下鉄サリン事件等（94.5/94.6.27/95.3.20 他）
1960年6月5日まれ
2002年10月11日　東京地裁（服部悟）にて死刑判決
2007年5月31日　東京高裁（池田修）にて死刑判決
2011年11月21日　最高裁（金築誠治）にて上告棄却、死刑確定

　現在、確定直前で、まだ刑確定処遇に入ってないので今のところ書けません。

松永太（50歳・福岡拘置所）

北九州7人連続殺人事件（96.2.26〜98.6.7）
1961年4月28日まれ
2005年9月28日　福岡地裁小倉支部（若宮利信）にて死刑判決
2007年9月26日　福岡高裁（虎井寧夫）にて死刑判決
2011年12月12日　最高裁（宮川光治）にて上告棄却、死刑確定
共犯は2審で無期に減刑。

　せっかくアンケートを送って下さいましたが、今回の最高裁の判示にそのおどろきを禁じえず、とてもアンケートにお答えする心境にありません。申し訳ありません。
　飯塚事件の久間さんも同様ですが、その証拠自体の持つ証拠能力に大きな疑いがあるにもかかわらず、それも踏み越え、犯人（殺人犯）と認定してし

まっています。私の事件も私からの一切の指示はなし、実際に殺害を実行したとされる人も違い、凶器も場所も違い、指示者も違い、ほとんど（共犯ともう一人の甲女の供述）乖離しているのに、これを整合しているとしています。彼女の供述以外は証拠とされるものはなく、その供述は客観証拠（電気・ガス・水道の使用量・当時の生活の様子の写真等）と整合せず、かけ離れています。こんなことで国家が一人の人間の命を奪い殺すことが許されるのでしょうか？　出来るのでしょうか？

　本当にやっているのであれば納得しあきらめもつくでしょうが、とんでもないことです。

　最終チェックをなす最高裁が機能不全に陥っているのは明らかで、だからこそえん罪が多く生まれ後をたたないのだと思います。

（平成24年2月13日）

北村真美（52歳・福岡拘置所）

大牟田市4人連続殺人事件（04.9.16〜17）
1959年4月26日まれ
2006年10月17日　福岡地裁久留米支部（高原正良）にて死刑判決
2007年12月25日　福岡高裁（正木勝彦）にて死刑判決
2011年10月3日　最高裁（須藤正彦）にて上告棄却、死刑判決。
共犯の北村実雄被告、北村孝被告とは分離して公判。

　刑については自分のした事なので罰があっても仕方ないので諦めているが、執行の予告をしてほしい。自分なりに身辺の整理をしたりする時間を与えてもらいたいと思っているし、心の準備が必要だと思います。

　昨年末に長男と夫が大阪と広島へ移送されました。

　突然でしたので心細くなり、不安定な所、処遇をさらに厳しくされてしまい、同官内の次男との金品のやり取りができなくなったので不便になってしまい、困っている。これまで4人が

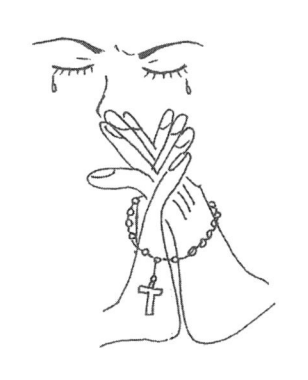

同官に居た為、特別に許可されていたのだと説明を受けた。
　又、親族外の5人の友人のうち1人だけ面会文通ができ、のこりの4人とは文通のみと言われたが、その所が納得できないが、どうしたらよいか分らない。

北村孝紘（27歳・福岡拘置所）

大牟田市4人連続殺人事件（04.9.16 〜 17）
1984年6月9日生まれ
2006.10.17 福岡地裁久留米支部（高原正良）にて死刑判決
2007年12月25日　福岡高裁（正木勝彦）にて死刑判決
2011年10月3日　最高裁（須藤正彦）にて上告棄却、死刑判決。
共犯の北村實雄被告、北村孝被告とは分離して公判。
大道寺幸子基金表現展第6回の絵画部門で全作品が努力賞、第7回の絵画部門で2作品が努力賞を受賞。

　一つに、法に定められている具体的権利を不等または違法的に制限される事で誠に困っています。
　外部交通権や親族権を認めなかったり、執筆等の社会的職務を禁止して妨害されており、収入がなくなることや社事を果たせず取引企業に迷惑をかけられている。また、自己の財産権を犯され、個人情報の不当処理または行使（不許可物差入等の引取分不告知。不許又は差入人不明分の不告知差入及び国庫帰属等不告知。etc）。私本人の知らないうちに私事を外部の私の知人と施設が私に無断で連絡を行い、不等に関わり違法な取決めを交わさせる等々行ったため、私は知人との仲が壊れてしまった。しかもその事その物を知らせられずにいる。正直、問題です。
　実際に、文書・図画の執筆、発表を認めてあるのに、私は禁じられ、収入を潰され再審請求等にかかる費用等々作れずに困っています。どうかどうか、権利とか大それた事言えない立場なのですが、死刑、死す時までの間を、普通に生き、生活出来るようにしてほしいです。
　何卒宜しく御心をお願い申し上げます。

匿名男性A

　私は加害者です。ですから、私が死刑という刑罰に対してどうこう言う権利はないと思っています。

　その時がくれば、あらがうことなく刑を受けようと思っています。それくらいしか被害者御遺族様にできることはないのかとも思います。

　生きて罪を償いたいという思いは強くあります。しかし、死刑確定者処遇の中においては、祈りまたは少しでも自分のできることをすることに限られています。

　刑を受けるその日まで精一杯生きてゆきたいです。それだけでも死刑囚の私にとっては幸せなことです。

　ただ１つ、裁判で自分の知らないことやっていないことを、私がやったがごとく認定されたことだけは正してほしいという思いもあります。自分の犯した罪は自分で償うべきことですので、法律的なことは全て弁護人に任せてゆこうと考えています。

　支援者の方々には本当に支えられ励まされ愛されてきて、本当に感謝をしています。

　現状　全ての人々との外部交流が不許可とされたことにより、私自身孤立しています。いかに死刑囚にとって心の支えが必要であるのか、相談できる人々が大切かを感じています。いつかまた交流できる日がくると信じて、これからを精一杯に歩んでゆきたいと思っています。

　まだ死刑確定囚になったばかりで、現状お答えできるのは以上ですが、もう少し本当の意味で法律によって処遇改善がなされるように切望します。
（視察委員会について等）

　ア）視察委員会は2009年3月を最後に現在まで2年間、面接は年に数件実施するも、施設には何の「意見書」も改善の申し入れや質問もなされていないとのことです（情報公開請求で判明）。

　東京では視察委員会の働きかけで改善されたことも多くあったようですが、名古屋では平成20年3月31日付け被収容者にお知らせがあったのを最後に、3年以上なんのお知らせも視察委員会からはありません。

　視察委員会のある意味が失われています。

　イ）審査や苦情の申立てについて　新制度がはじまり、現在まで私は１件

も認められたことがありません。施設全体をみても採択されたのは1件のみで、それ以外は全てが不採択か却下等で100%認められないのが現状です。（検察審査会や裁判員制度のような法務省の外に審査するようなところが必要であると考えます。）

匿名男性B

　現在置かれている境遇に完全になれることを目的としていますので、今のところ「何かを訴える」という気持ちにはなれませんが、折角の御好意ですので、個人的に御返事することにしました。
　私が個人的に考えていることは「静かに死を迎えたい」ということです。私は松本サリン事件・VX事件・地下鉄サリン事件のいずれについても謀議の場に呼ばれておらず、謀議があったことも知りませんでした。これらの事件前にA死刑囚らが殺人を謀議していたことを私が知ったのは、逮捕後のことでした。松本サリン事件・地下鉄サリン事件の私の検面調書をとった検事は大坪弘道元検事でした。
　これらの事件で亡くなられた方達のことを思えば、私もこのまま死ぬべきだろうと思いますが、謀議の存在を逮捕後に知った＝即ち事件前に、私が亡くなられた方達に対して殺意を抱いていたとは思えませんので、私が静かに死を迎えることは容認してもらいたいです。
　亡くなられた方々の御冥福をお祈りいたします。そして犠牲になられた方々へ心よりお詫び申し上げます。

匿名男性C

　先生が、激務でご多忙の中、面識もない重罪を犯した私のような者へ、お便り及びアンケートをお送りして下さいまして、ありがとうございます。
　同時に、お忙しい中の貴重なお時間、お金を費やさせて、お手数、ご負担をおかけ致しまして、申し訳ございません。
　本来、先生だけが、ご覧になって下さるのでしたら、アンケート等につい

て、記入して、同封して下さった切手付きの封筒で返信したいと思うのですが、私の実名が、被害者の御遺族の方々に、もし分かるような事があるだけで、更なるお怒りなどの感情を抱かせてしまうのではないかと懸念すると同時に、第三者の目に映る事で、私の実名が出る事によって、私の家族に、これ以上辛い嫌な思いをさせたくないと思っております。

　と言いますのも、私の重罪が故に、私の家族が、長年住み慣れた土地、家を手放し、右も左も分からない、未知の土地の狭いアパートへの引っ越しを余儀なくさせてしまっておりますので、極力（出来れば絶対ですが）、私の実名をださないようにと決めております。（今回、もし出版するご予定でしたら、匿名でお願い致します。）

　ですので、先生には、誠に申し訳ございませんが、アンケート内の一部についてだけ、ここに回答させてもらいます。

　「再審請求について」していません。

　これだけで、申し訳ございませんが、実名を出版物に掲載する事だけは、どうかやめて頂きたく思います。勝手な事を申し上げまして、申し訳ございません。

　暑くなり、又、お忙しいと思いますが、定期的に健康診断（マンモグラフィ検診を含めて）をお受け頂き、くれぐれも、心身共にご自愛していただけたらと思います。

　私の限られた時間内ですが、先生の、今迄同様のご活躍を獄中から応援しております。ただ、ご無理だけはしすぎないでいただけたらと思います。

　乱筆、乱文、失礼致します。　　　　　　　　　　　　　　　　　謹白

匿名男性D

　「死刑囚からあなたへ2011」アンケート届きました。ありがとうございます。

　せっかく作って頂いたアンケートなのですが、東北地方太平洋沖地震にて、死者1万5000人以上、行方不明7000人以上、そして避難されている方が11万人以上であり、被災地で生活している方々がいまだに不自由で苦難な生活をしているなかで、私は死刑確定者という身分で有りながら、毎日、3食も食事を頂き、入浴もさせて頂いています。

納税の義務を果たしていない私が、大切な血税にて生かされて、罪のない被災地の方々が苦労されていることを考えると、とてもこのアンケートに答える気持ちになりません。

申し訳ありませんが、今回は辞退させて頂きます。　　　　　　　敬具

（2011年7月3日）

匿名男性E

死刑制度の廃止にご尽力下さり深く感謝致します。一日も早く「死刑のない社会」が訪れることを夢見ています。私も東拘より愛を込めて祈り続けたいです。今後もよろしくお願いします。

布川事件で再審無罪判決がありましたが、裁判官からは何一つ謝罪も反省の言葉もありません。現在も冤罪を訴えている人は少なからずいます。勇気を持って、再審の門戸を開いて下さい。

検察官が死刑制度の根源です。彼らの暴走は証拠改ざん事件で明らかになりましたが、個人の問題でなく、組織の在り方そのものにあります。検事総長に民間からの登用を望みます。

事件の被害者遺族の方々には深い哀悼の意を表します。悩み苦しみが取り除かれ、幸せがもたらされますよう心より祈ります。

支援して下さる親族、友人のお陰で、不自由な中でも、足るを知ることが出来て、有り難く思っています。

匿名男性F

確定判決の前では、私はまるで価値のない人間である。そんな私にもできることはある。やらなければならないこともある。やりたいことだってある。親だっているし、子供だっている。謝りたい相手だっている。でも、心の底から謝りたい相手は、この世にいない。どんなに手をついて、這いつくばって謝りたいことがあっても、もう永久に間に合わない。謝るべき相手が直ぐそこにいてくれる人は恵まれているなどと思ったりもしてみる。けれども、

人生に逃げ道なんかどこにもない。もっとも、逃げるつもりもない。こんな私の前途に平坦な道などあるはずがない。障害はつきもの。簡単に終わってたまるか！　価値のない人間であっても、やることがある。やらなければならないことがある。非力なりに何かしらの、役に立てるはずである。以上

匿名男性G

参議院議員　福島瑞穂様
　いつもご高配を賜り、厚く御礼申し上げます。
　前回同様となりますが、「今一番訴えたい事」は幾年過ぎようと変わりはありません。えん罪がはれるまでは…。
死刑執行拒否
理由：刑事訴訟法の第475条・死刑執行②に「判決確定の日から6ヵ月以内に執行しなければならない」とある。
　刑事訴訟法とは、刑法の具体的実現を目的として、一定の秩序のもとに行われる手続きを規定した法であることから、刑法11条の②の「死刑の言い渡しを受けた者はその執行に至るまで刑事施設に拘置する」をも含有したものである。
　従って、死刑確定囚となって以来、私が再審請求したのは8年3ヵ月経過した平成8年7月15日のことで、執行期限の6ヵ月は経過している。
　よって、日本国憲法の下、基本的人権の享有（特に第13条）を主張し、本日平成23年1月24日以降、再審請求申立、及び恩赦出願の有無にかかわらず、断固、死刑執行は拒否する。
　因に、拒否年月日は江田五月法相に送付した日付です。
平成23年7月14日記

獄中闘病記

石川恵子

福岡拘置所 /53 歳
宮崎 2 女性殺人事件(1996.8/97.6)
1958 年 5 月 23 日生まれ
2001 年 6 月 20 日　宮崎地裁(小松平内)にて死刑判決
2003 年 3 月 27 日　福岡高裁宮崎支部(岩垂正起)にて死刑判決
2006 年 9 月 21 日　最高裁(甲斐中辰夫)にて上告棄却、死刑確定

　刑の確定から5年目の夏を迎え、再審請求用の罫紙にこの様な形でペンを取るとは思いもしなかったのですが、執行の予感があるので、このまま偽りの人生で終るかと思うと暗澹たる気持ちになるのも、又、正直な気持ちです。例え肉体が滅びても悲嘆の叫びが届く事を切に願いたいと思い、綴る事にしました。
　まず昨年は、私にとって、最も辛く苦しい決断の日々でした。1月の胃の検査に引っ掛かり、3月に外院で胃カメラを飲んだのですが、その際「いっさい、別の病気について喋ってはいけない！」と言われました。なぜかというと、福岡へ移送されてから3ヶ月目より、薬の副作用による手足の震えによる歩行困難から始まり両足の神経が痙攣して、常に貧乏揺すりに似た症状が有り、まともに座る事も、まっすぐ歩くのも、見た目には分からないのですが、布団に寝ると、その症状は激化して行き、痛みを伴う様になり、3年前の6月に教誨室へ移動中の下りの階段から17段下へ落下してしまい（頭から）、左額と左肘を約10cm裂傷し、出血が止まらず、外院で縫合手術を受け40針以上との事でした。手術台の上で身体中が痙

攣して、医務課の看護師さんが私の身体を押えるのに必死だったと言われました。幸い脳内出血は無かった様です。原因は睡眠薬のせいだろうと医務課では言われるのですが、まともに歩くのが出来ない！ 神経が痙攣する！ と訴えても、気のせいです！ で終わりました。

その翌月、福島みずほ先生からのアンケートに「足が勝手に動き作業が出来ない」と訴えますと、11月に「むずむず脚症候群」のデータがＡ４サイズで６枚も届きました。その病名を教誨の時、牧師様に言いますと、たまたま同席して下さった主任さんが（男性）、「初めて聞いた病名だが医務へ申し出なさい！」と言って下さり、医務へその資料を見せようとしますと、ある刑務官が「政治家が診察するのでなく医師ですよ！」と叱責されたのです。医務ではそのような病名は聞いたことがないが……と。とりあえず投薬はするけど！ と錠剤を１回飲む様になりましたが、納得がいかなかったので、運動時間にたまたま主任さんがいらしたので、「パーキンソン病の薬が効くらしいのですよ！」と訴えますと、「難病じゃないか！ 医務へ俺が許可したと言え！ 俺が担当へ言っておくから心配するな！」と言って下さり、ホッとする間もなく、担当さんから、「医務の先生から貴女の為に私が叱られました」と怒鳴られる始末です。医務診察の時、効果的と思われる薬をメモして医師に渡すも全く見られず屑カゴの中へ捨てられ、「ここにはそんな薬は無いです」のひと事でした。

それ以降は、錠剤を飲むのを拒否し続けました。でも、無理矢理に飲まされるので、懲罰覚悟で医務課長の面接を受け、事情を訴えるも、「専門外だから医師に従いなさい！」としか言ってもらえず、主任さんの面接を申し出ると、「転勤になりました！」と拒否され絶望的でしたが、投薬をやめる事には後日、同意して下さったのです。

１年近く投薬は続き、症状は悪化して行くも医務では埒が明かないと判断して、上告時の弁護人へ手紙を書き、効果のある薬を投薬して頂ける様に福岡拘置所所長宛へお願いして下さいませんか！ と懇願したのですが、駄目でした。外部交通者のシスターから朝日新聞の記事に登載されていた「むずむず脚症候群」の特効薬「ビシフロール」〈パーキンソン病用〉が保険が効く様になった事と１回目の投薬で症状は軽減するとの情報も、医務へ訴えたのですが、回答は、「シスターが診断するのではなく医務課の医師です！」と却下されました。宮崎の拘置監では外院での診察を何回も受

けていたので、驚きの対応です。確定すると諦めるしかないのかと痛感しました。

　胃カメラでの内視鏡での結果は、胃潰瘍との事で、翌日よりその為の投薬が始まりました。投薬から約３ヶ月目、何の前兆もなく突然の意識不明での入院となりました。丸２日半意識が無く、目覚めると差し入れの係の刑務官の先生が私の顔を覗いておられ、開口一番「昨日差し入れがありました。誰でしょう！」との問いに「Ｋさん？」と答えると「当り！」と言われたと思うと突然大声で「どうしてあんなに暴れるの！　手錠をはずそうとして！」と怒鳴られている事の意味が分からず、意識の朦朧とする中、いつもの独居の天井じゃないなあ？　何が起きたのか？　周りの子供達が喋り掛けている！　見知らぬ男性が何人も囲んでいる！　壁の照明灯に男性の顔が浮かんでいる！　怖い！　ここは地獄なのか？　と怯えつつ、目を開けるのが怖くて、又、眠り込む。「もう起きなさい！」の声で目を覚ますと、女性の刑務官の１番偉い先生の私服姿でした。

　「今日は何日か分かる？」の問いに首を左右に振ると「６月２日でね！
　福岡記念病院へ入院してるのよ！　余り大声を出して暴れないでね！周りの人々から苦情が来てるの！」と言われ、やっと入院している事を知り、ベッドに両手錠で繋がれていて、点滴中で、尿道に管が入り、紙オムツであると説明を受けている間も信じられませんでした。

　やがて看護婦さんが来られ、「自分の名前は言えますか？　生年月日は？」の問い掛けにカタコトで答えると、「何処が痛いですか？」と聞かれ、「いいえ！」と言い、不思議と両足の神経の痙攣の事を忘れていました。両手錠をはずしてレントゲンへ車椅子で連れて行かれ、部屋へ戻ると、初めての昼食を刑務官の先生が小皿に分けて下さり、少しずつ食べました。時間を掛けて完食すると、個室である事と顔見知りの男性の刑務官の先生が分かり、病院用のパジャマであるのもやっと分かったのです。「きっと更年期障害よ！」と刑務官の先生が言われ、理解できなくて苦笑でした。夕食も食べさせて下さり、又、すぐ眠りについて無意識に手錠をはずそうと動くので起こされ、男の刑務官の先生に「今、何時ですか？」と聞くと、夜中の３時と教えて下さり、女性の刑務官の先生も机にうつぶせで眠っておられるのに気付きました。次に起こされると翌日になっており、１番親しい刑務官（女性）の顔がありました。ペットボトルのお茶と歯磨きセット

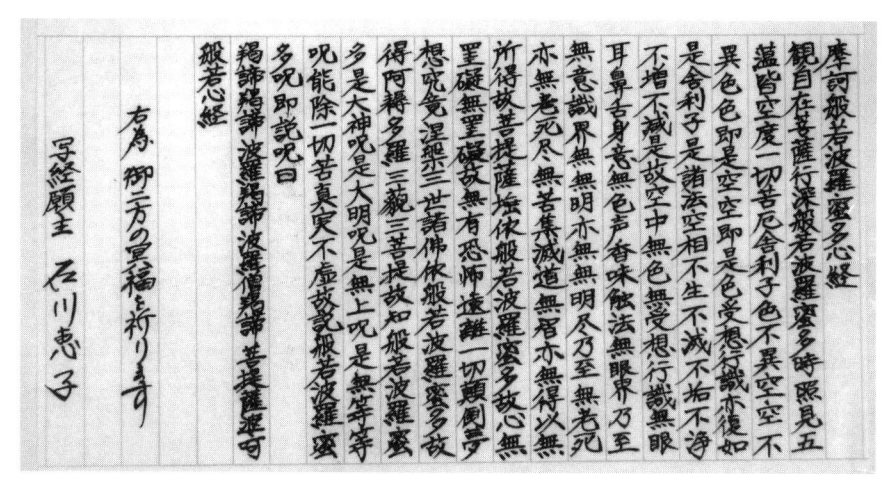

「写経」 第7回大道寺幸子基金表現展（2011年）応募作品

の差し入れをして下さり、初めて「先生！ 私は救急車で運ばれたのですか？」と聞くと、入院の経緯を教えて下さいました。

　5月31日の起床時に起きず鼾をかいて眠っていて、何の応答もなく、医務課の判断で、意識不明の原因が分からず命の危機を感じ、敷布団のまま病院へ搬送され、途中、拘置所の車の中で嘔吐し、病院でありとあらゆる検査をしても分らず、胃潰瘍の件があったので胃カメラを飲ませると、刑務官の先生も目を覆いたくなる程の状態だったらしいです。実際、この刑務官の先生も休日だったのに、施設から緊急の呼び出しが有り、搬送や検査に立ち会って下さったらしいです。連日女性刑務官の先生と警備の刑務官の数人が泊まり込みで看病して下さったとの事です。「大騒ぎで大変だったのよ！」と言われ、改めてお詫びを申しました。その先生も夜中、発熱している私の脇と背中に氷枕を何回も交換して下さったらしいです。

　6月4日の午後、退院の許可がおり、厳重な警備の中、車椅子で両手錠・腰縄の状態で拘置所へ戻りました。両手首は赤い痣だらけでした。医務室へ直行すると病名の告知は全く無く、毎食後に3回の投薬と3回の下剤、1日の尿の回数と便の回数をその都度に報告を義務づけられ、水分（お茶）は人の三分の一の量で、ジュース類、アイス類の購入禁止が病院からの指示です！ とだけ言われ、昨年の猛暑の中、一滴の水道の水も飲めず、監視カメラでのチェックが続き、脱水症状と熱中症、のどの乾きに苦しみ抜

き、母へ辛いと手紙を書きますと「果物を買って凌ぎなさい！」と多額の送金に号泣し、甘えてレモンやオレンジを買って耐えるのを見兼ねた担当さんが、医務へ申し出て下さり、午前中1回のコーヒーの許可が出たのですが、「むずむず脚症候群」にはカフェインは余り良くないと分かっていながら、飛び付きました。この情報は、医務課では把握されていないからです。

　すでに私の症状は、寝る時だけでは無く、座っている時も歩く時も、立っている時も、脚の中を手を入れてかき回されている様な症状より悪化して、膝から下は足の指が裂ける様な痛みとお尻にまで痛みが広がっていたのです。神経ですから厄介です。いくら申し出ても、気のせいです！の回答でした。熱中症対策も、アスピリンを3服だけ下さり、それ以上は不許可です。もう苦しくて意識不明のまま、どうして神様は逝かせて頂けなかったのかと恨み続けました。

　そんな猛暑の中、東野圭吾氏の小説『手紙』と出逢い、分かってはいるつもりでしたが、加害者の家族が社会で生活する事の辛さ、苦しさが身に沁み、周りをはばからず号泣してしまいました。私は今まで、母に家族に、余りに甘え過ぎていて、皆の苦しみに気付いていなかったと猛省し、老いた母にこれ以上経済的にも精神的にも負担を掛けるのも心苦しく、もう解放してあげるべきではないかと悩み、難病の苦しみも有り、再審に向けての希望も薄く、大暑の日（7月23日）に恩赦出願を取り下げる決断をしました。その5日後に、千葉法務大臣による刑の執行が有り、本当に驚き絶句状態でした。あの千葉さんが……です。執行された御二方の確定日は私より遅いのにも気付き、1歩の差で私は回避されていたのです。

　難病ゆえ老いた母の少ない年金からの送金に頼らざる得ない現実の先行きへの不安と請願作業をして自活出来ない自分への情けなさは、死よりも生きる事の辛さが増し、一人娘として母への本当の孝行とは何かを深刻に悩み抜き、全てを神へ委ねようと誰にも相談せずに決断したのですが、何らかの形で〝真実〟を遺して逝く事が自分への責務と思っています。

　願わくば、福島みずほ先生と安田好弘弁護士へ届けば悔いはないのです。

死刑囚にも刑務作業を

小林竜司

大阪拘置所 /27 歳
東大阪大生リンチ殺人事件（2006.6.19 〜 20）
1984 年 12 月 22 日生まれ
2007 年 5 月 22 日　大阪地裁（和田真）にて死刑判決
2008 年 5 月 20 日　大阪高裁（若原正樹）にて死刑判決
2011 年 3 月 25 日　最高裁（千葉勝美）にて上告棄却、死刑確定
第 5 回大道寺幸子基金表現展の絵画部門で、「変わらぬ風景」「今日の朝食」が奨励賞を受賞。彼との交流を描いた作品に『慈悲と天秤——死刑囚小林竜司との対話』（岡崎正尚著、ポプラ社）がある。

　私が今いちばん訴えたいことは「死刑囚にも刑務作業を義務付けるべきだ」ということです。ただ、「義務付ける」としますと、不幸にもえん罪で死刑が確定してしまっている方をはじめ、体調等が芳しくなく、とても作業など出来る状態にない方や再審請求などの準備の為にただでさえ時間が無いという方々にとっては余りにも酷であり、また、その他、なにかと問題もあるでしょうからなかなか難しいとは思いますが、しかし、せめて希望する者には積極的に自己契約（請願）作業はもとより刑務作業も行わせるように、法などを整備して頂きたいと切に願っています。
　私は刑務所の実情までは分かり兼ねますが、小耳に挟んだ情報によれば、一般受刑者は強制的に義務付けられている刑務作業とは別に、更に余暇時間内には自己契約作業も希望すれば出来るそうで、このように一般受刑者

註・「拘置所長・職員に」に書かれている状況は、アンケート回答の 2011 年 7 月現在と校正時の 2012 年 2 月段階とでは、「全く異なり、その当時と比べれば未だに変っていない部分もいくつかありますが、それでも随分と緩和・優遇されておりますので」「このようなことを訴えても仕方ない面もある」ので、「衣食住について」とともに削除し、「支援者に」を掲載してほしいという要望があった。編集部では「支援者に」を掲載することとしたが、しかし「拘置所長・職員に」には死刑確定前後の状況を描写しており、掲載すべきと判断した。

「10分の喜び」第6回大道寺幸子基金表現展（2010年）応募作品

には2種類の作業が存するのであれば、死刑は特殊な刑罰であることを勘考しても、強制や義務付けではなく「希望者には」とすれば、必ずしも不可能なことではなく、また、一般受刑者が行っていることを「死刑囚にも」と単に要望しているに過ぎないので、何ら無理難題でもないかと存じます。

　ちなみに、私がこれほどまでに作業にこだわりますのは、昨年の平成22年5月頃に被害者御遺族の代理弁護人より、損害賠償の支払いを求められた際、私は現時点でもどうすることも出来ませんが、しかし、せめて誠意だけでもお伝えしたいと思い、「死刑が確定したならば、自己契約（請願）作業をさせて頂けるとのことですし、私は執行の日が来る其の時まで自己契約作業をし、終生贖罪の日々を歩ませて頂きたいと決意しておりますし、僅かな賞与金など、お支払いした内にもならないことと存じますが、その作業で得る賞与金をせめて賠償の一部に当てさせて頂きたいと考えております」と、大方このようにお誓い申し上げたのですが、このことが大きな理由になるかも知れません。無論、これらの気持ちに嘘・偽りはございません。

　しかし、それから1年後の平成23年5月9日（月）に死刑確定者処遇の言い渡しを受け、本格的に死刑囚となった訳ですが、実状は（そのお誓いを申し上げた当時はまだ有った）自己契約作業はじめ受刑者の作業すら無いという状態でして、個人的には「無い」という一言で片付けるのではなく「無いなら無いで新たに作業を捜して来い」と己の立場も省みず、このように憤りを感じている今日この頃ですが、社会の不景気や先の大震災の影響などを考えますと、やむを得ないことなのかも知れません。

　とはいえ、作業が全く無いという現状には大変参っており、悔やまれてなりません。いずれ良い方向へと改善され、少しでも贖罪の日々が歩めることを祈りつつ、意見・要望とさせて頂きます。

拘置所長・職員に

　忌憚なく言えば、外の刑事施設でも云えることなのかも知れませんが、大阪拘置所は死刑確定者に対し「死刑囚」というだけで何においても概括的に取り扱い、また、何ら規律及び秩序の維持にとって放置できない程度の障害が生ずる相当の蓋然性も無く（仮に「有る」とするならば、その合理的かつ具体的な根拠を要することは多言するまでもありません）、単に障害発生の一般的・抽象的な「おそれ」や「その可能性」があるという一方的な憶測だけで、異常なまでに、ある意味、嫌がらせともいえる過敏な反応を示し（その内容については後述いたします）、更には視察委員会による「外部交通の制限の緩和」についての意見書に対して、「死刑確定者の収容は、外部交通の遮断を含む社会からの隔離を本質としている」等と回答し、制限の緩和はおろか、これを根拠に（私含め）死刑確定者に対する外部交通を殊更に厳しく制限していますが、これは明らかに刑法11条2項の類推解釈であり、所長裁量を濫用した歪曲運用と言わざるを得ません。

　そもそも、死刑囚も人間である以上、その執行を受けるまでは人としての存在を否定されるものではないから、基本的には各憲法の保障する諸権利を有するものとしなければなりません。もとより、その諸権利も収容目的の達成のために、必要な限度で制限されざると得ないことは理解の範疇であるものの、しかし、それは一定の必要性・合理性が存する場合に限られるべきであり、これらの範囲を超えてやみくもに基本的人権の行使を阻まれたり、制限される理由はありません。そして、死刑確定者の収容は、死刑は確定者の生命を奪う刑罰であり、一般受刑者のような基本的人権として保障されている「自由」に対し、相当な制約を加える刑罰ではなく、死刑執行までの間は刑事施設内に拘置し、その刑の執行を確保することを目的としているものです。

　加えて、死刑確定者処遇の原則に定められている「心情の安定」は、死刑に直面する者に対する配慮のための原理であり、これを死刑確定者の権利を制限する原理であると考えてはならない旨の附帯決議がされており、「心情の安定」を理由にして、死刑確定者の権利を制限することは、不当

な考え方として、立法者によって否定されているのであって、これらを鑑みれば、その裁量的判断に逸脱があることは明白であります。勿論、施設として規則を最優先し、それを遵守することは理解できなくもないし、むしろそれは当然のことと言えるかも知れません（無論これらは「正常な規則の遵守」にかぎる）。

　しかし、死刑確定者の個々人も十人十色で、それぞれに個性や気質、感受性や思想なども異なるのであり、日頃の行状なども含めたこれら具体的事情のいかんを問わず、刑務官という公務員意識及び収容者の人権に関する理解の欠如がもたらすのか、常に収容の目的の遂行や施設の規律及び秩序の維持うんぬんを理由にし、何でもかんでも一概に形式的に取り扱うのは妥当ではなく、「例外のない規則はない」という言葉もあるように、個別具体的に事情を汲む「例外」が必要であろう。少なくとも、大阪拘置所における死刑確定者処遇の実状は、ある意味、現行法では許されていない身体刑に近い面があり、これとは別に死刑囚は近い将来、死刑の執行という極限の不利益まで甘受しなければならないにも拘わらず、なにゆえに原理・原則にももとる施設内の独裁的な内部規則により、理不尽な制裁や仕打ちを更に受けなければならないのか、全く理解できません。

　その内容も、拘束されている居室の扉には、単独開閉厳禁という赤く太い字で書かれた札を貼られ、職員はもとより、他の一般収容者にも死刑囚であること（少なくとも通常の収容者ではないこと）が分かるように、さらし者にされ、更に、7月18日現在、連日真夏日や熱帯夜が続き、世間でも熱中症者が続出するなか、今収容されている居室は僅かに風の通る窓が文庫本ほどのサイズしかなく、それゆえに居室内は昼夜を問わず、蒸し風呂といっても過言ではない状態の拷問とも言える特殊な居室にて生活を余儀なくされているばかりか、そのうえその居室の天井にはTVカメラとマイクが取り付けられており、毎日、24時間、常に生活の一部始終を監視され続け、それでもまだ飽き足らないのか、更に平日は毎日毎日、「心情の把握」と称して居室内の全ての荷物類を漁られ続けているのです。しかも、これらは死刑確定者処遇の言い渡し日から、形式的に「半年間」を目途に続けられます（ちなみに、この「半年間」何もなければ、要するに施設側に逆らうことなく、柔順に服従さえすれば、半年後に一般の居室に移ることができ、また視聴覚支援としてTVやDVDの視聴が許される場

合があるということです。ですので、この点を観ても、大阪拘置所は法によらざる支配により、死刑確定者に対し公平で平等な取り扱いをしていないということが、お分かり頂けると存じます）。

また、居室を出れば、何をするにも常に二人以上の職員が不必要に付きまとい、中でも特に気色悪いのは、自傷などを確認する為の身体検査の一環のつもりなのか、入浴中はおろか入浴後の拭身の際も、複数人の職員に身体を監視され、この陵辱・加虐ともいえる行き過ぎた所為には生理的嫌悪を

「続変わらぬ風景」第6回大道寺幸子基金表現展
（2010年）応募作品

覚え、精神的苦痛を受けています。このように憲法36条が禁ずる「拷問」ともいえる仕打ちや制裁、また、刑法195条にも該当すると考えられる施設の異常な処遇が、果たして、死刑確定者の処遇の原則に定められている「心情の安定を得られるようにすることに留意」しているといえるのでしょうか？

多大な疑問が残るうえに、これらの処遇は、死刑確定者に限らず、誰しも心身ともに疲弊し、相当なストレスが溜まるであろうことは、小考せずとも理解できることです。このような個別具体的な事情のいかんを問わず、一概に、形式的に異常な取り扱いをする大阪拘置所の死刑確定者処遇は、直ちに改善されるべきである（多言するまでもありませんが、一応念の為に書き記すと、「個別具体的」という文句が個々の死刑確定者を差別する為のものであってはならない）。

長々と綴ったつもりでも、これらのことはほんの氷山の一角に過ぎず、更に書き綴れば尽きることは無いのですが、残念ながら「便せん7枚」という枚数制限（便せんの増枚許可うんぬんも一応有るのは有るようですが、少なくとも私は過去一度も許可されたことなどありません）がありますので、かえすがえすも残念無念に存じますが、この辺りでペンを置かざるを

得ません。

　他方で、個人的には未決時よりも〈優遇された〉という点も確かにありますので、欠点ばかりを綴るのは、心の呵責が苛みますが、こういった点も含めて、このアンケートとは別に刑場のある施設の参観や、その場に収容されている死刑囚との面接をして頂き、より具体的かつ詳細な死刑確定者処遇の実状を調査・把握して頂きたくお願い申し上げます。

支援者に

　家族・弁護人を除いては、実質、幼なじみ 1 人以外は外部交通申請者の全員が「不許可」となり、その後、届いたいくつかの手紙も許可されていない者からの着信として『交付不許可』が言い渡されるばかりで、また、コチラから、たとえば、交通権者(家族・弁護人・幼なじみ)を介して、伝言託すことも叶わずで、この余りにも無情すぎる制限にただ呆然とするばかりです。私にとって、ご縁のあった皆様は「心情の安定に資する」方々でありますし、これまでのように手紙や面会をしても、何ら「刑事施設の規律及び秩序を害する結果を生ずるおそれ」など無いにも拘わらず、「死刑確定者の収容は外部交通の遮断を含む社会からの隔離を本質としている」というだけで、一方的に交流を絶ち切られてしまい、本当に無念であり、痛恨の極みです。この場をお借りしてのご挨拶となり大変ご無礼をいたしますが、これまでのご恩に改めて心より感謝申し上げますと共に、皆様お一人お一人の、お人柄から学び、身につけたことを生かし、貴重な出会いによって人として大きく成長させていただきましたことを無視することなく、また、自分に負けることなく、頑張ってまいる所存ですので、今後とも、陰ながら応援していただけますと幸いです。

衣食住の状態について

　私は、平成 18 年 10 月 5 日より、この拘置所にて生活をしていますが、この約 5 年間の給食の献立は、稀に新メニューの給食もありますが、毎月同じ献立の繰り返しであり、その食材等も一部は入荷先を変更しているものの、ほとんどは一定の業者との癒着が疑われるばかりか、各収容者の

「生活の心得」と題する施設の冊子には、「毎日の献立は、専門の栄養士が、被収容者全般の嗜好傾向を参考にしながら、栄養量を確保し、内容に変化を持たせるように十分工夫して作成し、給食しています。また、定期に開かれる給食委員会でも、毎月の調理面、衛生面等について十分検討を加えて、給食の向上に努めているので、好き嫌いをせずに食べ残しのないように努めてください」とありますが、前述のとおり、毎月毎月（ひどい時には2週間に1回というペースで）、同じ献立を繰り返し支給しているだけであり、更に、年に1度の食事に関するアンケートでさえ、その内容も随分と杜撰であり、「給食の向上に努めている」とはもはや口先だけであり、余りにもひどい怠慢と言わざるを得ません。

そして、食肉・魚・野菜・惣菜などといった品々の入荷先は、長年同じ業者のものであり（このことは支給される同じ献立ばかりを長年食している側からすれば、容易に断定できます）、特に見逃せないのは、食肉や魚類は、とても社会一般的な肉や魚とはいえない何と表現してよいのか、その言葉も見当たらないほどの代物であり、このような品を平気で取引きする業者も業者であるが、反面、そのような品を長年入荷し続ける拘置所（用度課）にも問題があるといえます。

他方、世間的には「犯罪者のクセに」とか「税金でメシを食ってるクセにまだ何か文句があるのか」などといった非難も当然あるでしょうが、しかし、自業自得とはいえ、あらゆる制限や不自由のなか、拘禁生活を余儀なくされている者にとって、食べることくらいしか楽しみがないと言っても過言ではなく、その唯一の喜びである給食を、世間の批判に便乗し、与えられた税金の限られた予算を、一定の業者とばかり、それもまともな食材とは到底いえないような代物を入荷し、癒着し続け、更には毎月毎月同じ献立ばかりを繰り返し、その職務を怠慢するという見事な悪循環でしかなく、これこそまさに与えられた税金の無駄遣いといえるでしょう。

これらの事は、過去に遡って当拘置所の献立表や入荷先業者の調査をすれば、事実として認められるはずです。そして改善する為には、①全ての品の入荷先の変更、②毎年1回の食事に関するアンケートの内容の変更、そして、そのアンケート結果を上級庁に意見具申し改善を求める、③長年定番化し続けている献立の見直し、少なくとも以上の3点を給食委員会はじめ食材等を入荷する用度課が真摯に取り組まなければ、給食の向上はお

ろか、今後も癒着や怠慢が半永久的に続くことになるでしょう。ちなみに、私が現時点で把握している範囲で、癒着が疑われる業者名などを記したいと思います。

　(1) ヤマハ食品（株）　香川県小豆郡土庄町上庄 314
　(2) 富士正食品（株）　千葉県銚子市高田町 4-874
　(3) （有）住吉海苔本舗　熊本県宇土市住吉町 2251-1
　(4) （株）フタバ　熊本市島崎 2-9-8
　(5) タカ食品工業（株）
　(6) （株）ニチロサンフーズ　新潟県長岡市南陽 1-1027-1
　(7) ミハル食品（株）　徳島県三好市三野町清水 954
　(8) 堂本食品（株）　広島市安佐南区沼田町伴 1816-3

ついでながら、協会売店の取扱商品（特に食料品等）についても、アンケート等で収容者の嗜好傾向を参考にしながら、その都度、取扱商品やメーカーの変更をするべきだと思います。

以上、述べて参りましたこれらの件につきまして、他の刑事施設でも同様の癒着や怠慢があるかと存じますが、弁護士会や視察委員会を頼りにしても改善が見込まれないので、一度、実態調査などをして頂きたく、お願い申し上げます。

　以上です。

死刑制度は直ちに廃止されなければならない

尾田信夫

福岡拘置所/65歳
川端町事件(1966.12.5)
1946年9月19日生まれ
1968年12月5日　福岡地裁にて死刑判決
1970年3月20日　福岡高裁にて死刑判決
1970年11月12日　最高裁にて上告棄却、死刑確定
死因の一つとされる放火を否認して再審請求中。98年10月29日最高裁は再審請求棄却に対する特別抗告を棄却、その中で「一部無罪」も再審請求は可能と判断。

〝死刑制度は直ちに廃止されなければならない〟

　この観点から、私は前回のアンケートに答える形で、自らの事件と問題点を紹介し、冤罪・誤判決の防止とその救済措置の新規立法等を各位に要望した。全文は『命の灯を消さないで』（インパクト出版会刊）の巻頭に掲載された。が、紙数の都合で何かを書き忘れた感がしないでもなかった。上記を更に敷衍してこれを完結させたいと思っていた折も折、今回、再び意見発表の機会を得たことは幸甚である。
　以下は、項目別に意見をまとめたものである。

1. 世論調査に潜むトリック

ア）政府と法務省が、わが国に於ける死刑制度を維持する最大の理由として掲げるのが国民の根強い支持である。政府及びマスコミ各社は、同制度に関する世論調査を定期的に実施している。それらの内容と結果は、その都度、新聞紙上で発表されているが、現行制度自体を賛成か反対かで見ると、前者が圧倒的に多い。どの調査でも近年は概ね80％強である。しかし、

調査細目と結果の関係は必ずしも一様でない。特定の結果を得るべく、ある種の巧妙な作為すら感じるのである。

イ）数年毎に実施する内閣府の調査の場合を検討しよう。

——内閣府調査の設問と回答（A・B・C）——

・設問（「今の日本で、どんな場合でも死刑を廃止しようという意見に、あなたは賛成ですか、反対ですか」）

・回答 A. どんな場合でも死刑は廃止すべきである。
　　　　B. 場合によっては死刑もやむを得ない。
　　　　C. わからない。一概に言えない。

これについては、下記の3年次が時代と社会現象をよく反映していると思うので、抜粋し対照表とした。

	A	B	C
1975年	20.7%	56.9%	22.5%
1994年	13.6%	73.8%	12.6%
2004年	6.0%	81.4%	12.5%

問題は、設問と回答の文言である。まず「設問」、この文中には、特定の回答へ誘導する意図が窺える。「今の日本で、どんな場合でも……」との語意の裏には、「今の日本では凶悪事件が多発していますが、そのような場合でも……」という設問者の意思が見え隠れする。しかも、設問は、賛成か反対かを尋ねているのに、回答の文言はそうなっていない。回答Aは、設問の前段を再現したうえで、「……すべきである。」と結ぶなど、詰問調である。これに対し、回答Bは、「場合によっては……もやむを得ない。」と、場合分けの余地を残し寛容である。

ウ）回答AとBとがいかに作為的であるかを、文脈上の無理を承知のうえで、あえて実験してみよう。即ち、両文中の「死刑は廃止」と「死刑」を入れ替えるのだ。

そうすると、

A、どんな場合でも、<u>死刑（に）</u>すべきである。

B、場合によっては、<u>死刑は廃止</u>もやむを得ない。

のようになる。果たして、Aと回答する人が居るだろうか。対するに、Bには抵抗感がない。おそらく死刑廃止が多数となるだろう。これこそが世

論調査のトリックである。およそ公的機関が制度を維持したいが故に、このような作為のある調査方法を採るべきではない。

エ）上記の諸問題はひとまず措くとして、前述の内閣府の世論調査の結果を考える。この3年次は、死刑制度の賛否に関して、世情を反映してか、際立った特徴が見られる。

まず、[1975年]、B（死刑賛成）が56.9％と、過半数を占める。統計の誤差を踏まえると、絶対多数とまでは言えない。むしろ、C（不明・保留派）が22.5％、A（死刑反対）が20.7％と、この数値の高さに驚かされる。なるほど、同年以前には、八海事件、仁保事件、松川事件の無罪、吉田巌窟王事件、金森老人事件の再審無罪、そして白鳥事件再審請求での最高裁決定「疑わしきは被告人の利益に、の鉄則は再審請求にも適用される」……等々の人権状況があった。ところが、[1994年]、[2004年] に至っては、数値がガクンと急変する。三菱銀行人質強盗事件、連続幼女誘拐殺人事件等が前者に、オウム真理教関連事件、池田小事件等で続々と出る死刑判決が後者に、それぞれ影響したと考えられる。逆に言えば、それほど世論とは浮気なものなのだ。

オ）昨年（2010年）の夏、千葉景子法相が東京拘置所の刑場を公開し、大きなニュースとなって全国に流れた。国民は、はじめて刑場を目にした。このことは、とりもなおさず、国民が刑場を含む死刑の実情を知らされずに、上記の調査に利用されて来たことを物語る。この手法は不当である。国民意識は刻々と変化し、しかもその賛否は多様だ。この多様性は、条件付き死刑賛成と同義であり、いつでも条件付き死刑反対に変化する。これらを二者択一で区分し、それを死刑制度の維持に利用することは許されないと言うべきである。

2. 誤判決、その防止と救済

この章では、誤判決の防止策（ア・イ・ウ）と救済策（エ・オ）について、現行制度に見る欠陥を指摘しながら、これを論じることとする。

ア）取調べの可視化

最高検が2011年春に、被疑者取調べの可視化の指針を出したことにより、全国の地検で段階的にこれを試行するようになった。DVDを用いての録音・録画だが、「全録」ではない。ここに決定的な欠陥がある。記録

に先行して、検事が何を尋ね、被疑者がこれにどう答えるかなど、「打ち合わせ」の疑惑があるからだ。加えて、記録を何回か試行し、都合のよいものだけを証拠申請することも可能。編集したり、取捨選択した記録では意味がない。地裁が、取調べのDVDの証拠採用しなかった、との一部報道もある。警察側ではどうか。「被疑者との信頼関係を損ねる」などと、奇妙な論理を展開し、捜査の現場は「全録」に激しく抵抗する。しかし、国家公安委員会が「可視化」に動いているので、遠からず試行から正式採用へと進むだろう。その場合、検察と同様に、八百長問答では無意味であり、「全録」が大前提であることもちろんである。自白強要と誤判決、この関係を断つために、完全可視化の制度実現は欠かせない。

イ）警察と科研を分離する必要性

　警察鑑識の上級機関として、警察庁に科学警察研究所（科警研）、都道府県警に科学捜査研究所（科捜研）が付属し、より高度な鑑定を行なっている。テレビドラマでもおなじみだ（以下、両者を「科研」と略称する）。ところが恐ろしいことに、足利事件再審で明らかなとおり、科研はDNA鑑定を誤り、冤罪に手を貸したのである。当時、科研に導入されていたMCT118DNA鑑定法には、学界から欠陥があると指摘されていた。帝京大の石山昱夫教授は、「自分は……科警研のDNA鑑定に関連して鑑定したことがある。そして、そのレベルのあまりの低さに驚いた。やがて問題になるだろうと思っていた」とコメントしておられる（『年報・死刑廃止2009』8頁）。足利事件（注・無期刑、菅家利和氏、再審無罪確定）は1990年5月、飯塚事件（注・久間三千年氏、08年処刑）は1992年2月の事件だが、科研による両氏のDNA鑑定の結果は、なんと「16-26」という同じ型だった‼

　まともな科学者ならこの結果に驚くと同時に疑念を持つべきところ、科研の者たちは、何らためらうことなく、捜査側に回答したのである。一般に、この種の鑑定では、検体を三分割し、その一つを使用する。残る二つは、追試のため保存しておく。しかし、上記二鑑定で、科研は検体を全部、使い切っていた。後々の追試で問題の発覚を恐れたのであろうか。科研では、DNAだけでなく、法医学・化学・物理学等の鑑定を広く手がける。捜査現場の意向を受けた鑑定……、おぞましいことだが、過去の裁判例から考えると、あながち皆無とも言えない。足利事件が無罪ならば、当然のこと、飯塚事件の無実の処刑という構図が見える。鑑定の科学的客観性は裁判の

生命である。それを担保するために、科研を警察組織から分離し、例えば、文科省の管理下に置くような、法の整備が必要ではないだろうか。
ウ）限界を示した裁判員制度
　裁判員制度が発足して、はや2年が経過した。死刑求刑の事案だけを見ると、10件のうち、無罪1件（鹿児島地裁、検事控訴中）、無期1件で、8件が死刑判決となっている。殊に、類似の親族間殺人は、従前の〔官〕（裁判官）の判決では無期刑もあったのに、〔員〕（裁判員）の判決は全件、死刑だった。これらの判決理由は、ほとんど検察側論告のカーボンコピーに等しく、〔員〕が積極的に関与した形跡がない。それもそのはず、〔員〕は僅か2週間程度しか裁判に関わっておらず、しかも公判は、その間、数回程度開かれたのみである。公判前整理手続（注、〔員〕は関与せず）で、〔官〕の心証はほぼ固まっており、それに引き摺られたのは明らかだ。
　有罪か無罪か、有罪の場合、死刑・無期・有期、これらの判断を、従前の〔官〕だけの合議体裁判では、最終弁論（求刑）から判決日まで、場合によっては何ヶ月も費し、苦しみ抜いて結論を得ていたのである。それが〔員〕プラス〔官〕の制度になると、これを瞬時にしなければならない。どだい無理な話だ。〔員〕が〔官〕を頼り、〔官〕が〔検〕を頼るのは当然の帰結だった。現制度には欠陥がある。〔員〕は民意を代表している。この意見を裁判に反映させるには、死刑判決に限って、評決を〔官〕、〔員〕全員一致の制度に改めるべきだ。民意の反映こそが裁判員制度の所期の目的だからである。
エ）再審制度の抜本的見直し
①再審事由の緩和
　刑訴法435条6号の法文に「判決に影響を及ぼすべき事実の誤認」との救済要件の追加を求める。そもそも事実の誤認は、上訴で是正されるべき案件である。しかし、誤認はあったが、諸般の事情で上訴せずに確定した、上訴したが、上訴審がこれを過小に評価し、究明を怠った場合などが考えられる。例えば、犯行の動機・計画・態様、責任能力、その他の情状、共犯関係に於ける主従逆転、共謀の範囲を超えて重い罪を犯した……等々、これらに誤認があったとすれば、判決に影響すること大である。警察官、検察官、そして裁判官までが破廉恥な罪を犯す現代で、彼ら悪党が直接・間接に関与した死刑という究極の刑罰は、再審事由の緩和を以てこれを救済しなければならない。

②再審手続きの一元化

現行刑訴法の第4編以下に、再審の手続きが規定されている。その構成は、同法435条から450条までが「請求」、同法451条から453条までが「再審公判」の二段階手続きとなる。つまり、前者が確定してはじめて後者に移行するのである。刑訴法には、他にも「付審判請求」（262条）が同様の手続きを採るが、審級の関係から再審の場合とはやや趣を異にする。再審は、既に三審を経て（注、一又は二審で確定する場合あり）確定した判決を更に、「請求三審」、「公判三審」、都合9審の訴訟手続きを認めるものである。憲法が保障する迅速な裁判の規定から、これほどの屋上屋を重ねる必要性を果たして合理的に説明できるだろうか。被告人、再審請求人に対し、過度の負担を強いる制度は改めなければならない。再審請求を受けた裁判所は、その理由がないと判断すれば、これを棄却する。現行手続きと同じだ。これに対し、理由ありと判断すれば、直ちに再審公判に移行する。抗告は認めない。但し、判決に対する上訴は認める。これが再審の一元化である。同じ非常救済手続きに属す刑訴法の第5編〔非常上告〕は、申し立てから判決まで一元の手続きで済む。再審手続きの場合も同様にすべきである。

③証拠開示の強制と介入制限

前項で述べたとおり、誤判決救済が確定するまで、理論上、9回の審級を必要とする。検察官は、その全てに当事者介入するうえ、証拠調べ、事実調べにも悉く反対するのが実情だ。足利事件、布川事件、厚労省局長冤罪事件に見るとおり、検察官は手持ち証拠を開示しないばかりか、証拠の偽造・変造までする。事情を知る他の検事も口を噤む。このような弊害を無くすために、再審請求審では次の規制を提案したい。

・警察が保有する捜査記録（捜査本部記録）の開示の強制。
・検察官が保有する未公開記録の開示の強制。
・再審開始決定に対する上訴の禁止。

オ）誤判決の緊急救済

①恩赦の運用

恩赦の出願には理由を付さなければならない。何が理由となるかは明示しない（施行規則9条6号）。学説では、一般的情状、量刑の不均衡のほか、判決の誤りを挙げる。実際、平成19年5月、検察官が恩赦を上申し、救

済・釈放された懲役受刑者の事例（東京地裁）は、誤判決が理由であった（A氏は2件の刑事裁判で、共に執行猶予中であったが、その期間中の〝再犯〟で逮捕・起訴され、執行猶予が取り消された。最高裁の決定を経て確定、受刑者となった。ところが、〝再犯〟が無罪となり確定した。刑訴法に最高裁決定を取り消す方法がないため、検察官は恩赦を上申し、受刑者を救済したもの）。この事例のとおり、恩赦には裁判の誤謬を救済する機能があり、該当する死刑確定者は積極的にこれを利用しよう。
②人身保護法の活用

　この法律による救済要件は、「現に、不当に奪われている人身の自由」（同法1条）であるが、同法2条1項と、最高裁が定めた人保規則4条により、身柄拘束の手続きの当否が審判の主体である。即ち、刑事裁判に於ける有罪・無罪の領域に深く立ち入らないことを建て前とする。しかし戦後導入された同法が、英米法のヘビアス・コーパス（人身保護）を母法としているのはよく知られていることである。そこでは、手続論か実体論かにつき、救済上の区別はしない。後記で一部触れるが、米国に於いて、DNAの再鑑定で多数の死刑確定者が救出されているのは、まさにこのヘビアス・コーパスのたまものだった。日本製の同法も強い効力と可能性を持っている。誤判決・冤罪による死刑とその拘置は、「現に、不当に奪われている人身の自由」（前出）にほかならない。該当者は、この法律を大いに活用しよう。判例の蓄積が重要と考えるからだ。

3. 死刑確定者環境

　旧監獄法が全面改正され、過渡期を経て現在の施設は完全に新体制へと衣替えした。しかし、死刑確定者の立場から周辺状況を見ると、いささか気がかりな点があり、以下、その関連で意見を述べたい。
ア）後退する処遇

　新法が施行されて以降、福岡拘では所内売店取扱品目の飲食物、日用品、文具の種類が増加する等、一定の改善を見た。しかし、競争原理がはたらかないためか、総じて価格が高い。死刑確定者の外部交通にしても、面会・発信は1日各1回（通）となり、旧法時代の各2回（通）より悪化した。法の改正を俟ちたい。

　当所の運動につき、本年6月に所内放送があり、今後は毎月第2、第4

木曜の受刑者矯正指導日には戸外運動を実施しない。また、雨天のときは午前8時30分の時点で中止を決定した場合、その直後に天候が回復しても同じく実施しない旨告知した。以前は、この時刻のほか、午前9時30分、午後1時にも判定し、可能であれば戸外運動を実施していた。両方併せると大幅な後退だ。

イ）弁護活動に一考を

　いわゆるオウムの教祖松本智津夫氏に対する裁判は、1審の死刑判決が確定し、同氏から審級の利益を奪った。弁護人が同氏の心神喪失を疑い、意思の疎通が取れないなどを理由に、控訴趣意書を期日内に提出しなかったからだ。まず趣意書を提出し、審理に乗せた上で、当該事実を争う手段もあったのでは、と思う。宮崎勤氏の弁護人は、恩赦出願の予定を法務省に通知した。直後に同氏は処刑された。通知が処刑を促した、としか考えられない。安田好弘弁護士は、自らの「不注意」で名古屋女子大生殺人事件の木村修治氏を執行された旨、表明されている（FORUM90.Vol.117.12頁）。特に上記二件は、〝凶悪犯〟に対し、弁護人が市民的感情を以て、意趣返しをしたのでは、と思うのは穿った見方だろうか。死刑の当事者として弁護人を頼らざるを得ず、活動には最強・最善を尽くして貰いたいものだ。

ウ）イノセンス・プロジェクト日本版に期待

　米国に於けるイノセンス・プロジェクトの詳細は知らない。確か、全米テレビネットワークの1社が資金を出して、判決に疑いのある死刑確定者のDNA鑑定を行ない、誤判を証明し、ヘビアス・コーパス（人身保護）の制度で身柄を釈放させている、と承知している。既に10数名を救出したという。同ネットワークが独占取材を条件にしているとしても、優れたプロジェクトだと思う。

　日本の科学捜査は、警察の鑑識と科研がほぼ独占しており、その結論に疑いがあったとしても、反証を一般人が得るのは難しい。この問題を新聞、テレビ等のマスコミの資金力、調査力、人脈でクリアできれば理想的だ。独占取材でもかまわない。同プロジェクトの日本版の実現に期待したい。

エ）使用を止めよう刑事用語のスラング

　刑事諸法が新法となって、「死刑囚」、「囚人」、「監獄」、「獄」等の語は、今やスラングになった。旧法時代でも「死刑囚」は正式用語ではなかった。ただ、旧監獄法が、「死刑の言渡を受けた者」、旧法が「囚人」（97条、98

条）の語を用いていたため、両方を併せて「死刑囚」と造語したのであろうか。しかし「死刑囚」の語意には、もともと凶悪犯を非難し、揶揄し、漫罵する響きがあり、その使用には注意を要していた。旧刑法40条の「瘖啞」を訓読みしないのとよく似ている。表現の自由という問題もあるが、少なくとも公文書、時事の報道、論評、学術論文及び放送で上記のスラングを用いるべきではない。〝死刑囚〟は「死刑確定者」が正式用語だ。死刑廃止運動の一環として、スラングの使用中止をマスコミ各社・各方面に申し入れるよう、ここに提案する。

中国人死刑囚として日本の非民主化を憂う

何力

東京拘置所／47歳
パチンコ店強盗殺人事件（1992.5.30）
1964年10月3日生まれ
1995年12月15日　東京地裁八王子支部（豊田健）にて死刑判決
1998年1月29日　東京高裁（米沢敏雄）にて死刑判決
2002年6月11日　最高裁（金谷利広）にて上告棄却、死刑確定。
中国国籍。定住以外の外国人の死刑確定は戦後初めて。主犯格国外逃亡中。取調べ時拷問を受け、自白を強要された。強盗殺人の共謀と殺意の不在を主張。通訳の不備が問題となる。第2次再審請求中。第2次再審請求中。

　世界から見ている日本は、まだ圧倒的に優れた国である。技術力ではダントツの世界ナンバーワン。そして何より、国民の教育レベルの高さと、誠実でサービス精神に富む人間力で他国を寄せ付けません。

　しかし、残念なのは、人間は弱くかつ不思議なものなので、大部分の人は、職業・立場と地位によって、意識や人格などが大きく変わるということです。

　例えば、2010年7月28日、正真正銘の死刑廃止論者である千葉景子元法務大臣（当時）がなされた死刑執行のことです。特に、一部の意志が弱い捜査官と取調官が正義の味方という初志を忘れ、上司らの指示や圧力及び自分の出世や評価に直結する担当事件に対して、被疑者らの人生や家庭の危機及び生死に関する重大な問題さえ顧みずに、勝手に色々の不適法な非常手段で、自白を強要したり、供述調書と証拠を改ざんしたり、捏造したり、隠蔽したりして、懸命に被疑者らを死地に追いやろうとしています。

　と申しますのは、私の事件の検事取調官もその通りにやっていたので、それらのやり方は全て私が身を以て経験した事であるからです。

実は、私の検面調書（検事作成の供述調書）は合計14通ありますが、この14通の調書は、検事がわずか50数枚の取り調べの下書きメモから魔法のように、合計240数枚の正式な調書を作文したものです。特に、その中に10通（乙28号証から乙37号証まで）の検面調書の初めの決まり文字と最後の署名指印部分までを除けば、正式の調書は合計190数枚になります。しかし、この190数枚の調書の中に100枚を超える調書の中に無実や間違いの部分があります。少ない物で1枚に1、2句の事実でない話を書き加えました。多い物で、連続して10枚以上（2回）が捏造されたものであったのです。もし全部を一緒にすれば、丸40枚以上の無実の調書になります。この無類のやり方は、検事が明らかに外国人被疑者を大バカにして、法廷で担当する検察官たちのように際限がない「論告要旨」等の作り方を大胆に引用したからです。
　なぜ本件検事は私の供述調書を無際限に利用して調書を捏造したり改ざんしたりして、明らかに人を殺していない従犯でもある私さえも必死に死地に追いやろうとしていたのか、その主な原因は次の通りです。
　①本件は中国人が強盗によって3人の日本人の被害者を死に至らしめたこと②主犯がまだ逮捕されていないこと③もう一人の共犯者は大部分の犯行事実を否認していること④警察と検事は終始、私が一日も早く日本国籍を持っている従兄に連絡してもらい、従兄から私選弁護人を依頼してすぐに面会に来てもらいたいという願いを無視したり散々妨害したりした上で、私を完全に孤立無援にさせたこと⑤中国大使館にも連絡をさせてくれなかったことです。
　もう一つの要因は、検事がやはり私を大バカにして、ワープロで調書を作成してから、ホッチキスで留めて割り印を押すという正しい調書作成の方法をしてくれず、ただ私に各供述調書の最後の1枚を渡してから、その末尾に署名指印をさせてくれただけですので、各調書に私の署名指印をもらってから、いつでもまた自由自在に上司らや共犯者の取調官と打ち合わせをしながら、自分たちが描いたストーリーにあわせた調書を再調整したり、書き換えたりして、たやすく私と共犯者らを誣告することができたからです。これは検察庁が今でも頑に私の公判調書の犯行事実（内容）とぴったり一致した員面調書（検察・弁護側双方の共有財産である警察作成の供述調書）を開示してくれない要因の一つです。

私自身も自分が無意識にして、そんなに重い罪を犯したのも憎むべきものだと思いますので、相当程度の不当な仕打ち（取り調べなど）や精神的苦痛を当然、甘受すべきものですが、しかし、一つの事件で、それも1人の検事による取調べで、明らかに色々の不適法な非常手段を用いて、故意に無数の無実の罪証などを捏造して、私に署名指印を強制し、死に追いやろうとしていました。このような私の命を糞土の如く、そして博打の賭け銭とした非人道的なやり方は、法曹界にとって珍しくないとしても、やはり一部の良心と公正心のある法曹関係者の方々、及び、私の事件と私個人の略歴に詳しい方々を深く驚嘆させられる出来事（驚くべき事）に属するに違いありません。
　しかし残念ながら、本件を担当した裁判官たちは、あるべき公正心と良心に背いて、偏見と予断を以て強引に、このような明らかに合理的な疑いがある検面調書を、本件の、私が逮捕されてから一貫して否認してきた共謀殺害と殺意があった証拠、として採用して、私を死刑に処したのです。
　もう一つの重大な遺憾事は、2審のあまりにも無責任な国選弁護人が、私のような問題が山ほどある死刑事件に対しても、控訴趣意書と弁論要旨は合計5千字余り（その他の補充書等の書面も一切なかった。共犯者の私選弁護人が同高裁に提出した各書面の約30分の1）しか書いてくれませんでした。しかも、その中に一番肝心な検面調書の任意性と信用性という項で主張してくれた事は、全て私本人が訴えている原意を誤解したため、間違った主張をしたものですので、逆効果になってしまいました。
　また、彼女が公判廷で私に質問したことは合計4回ありましたが、質問のやり取りをした時間は、通訳の時間を含めて合計3時間位しかありませんでした。その4回の公判調書の内容も合計32頁しかありません。面会は合計21回ありましたが、30分を超えた面会は2、3回しかありませんでした。しかも私の再三懇願に応じて通訳を連れて来てくれた時だけです。彼女が何のために面会に来たのか、言わずともお分かりでしょう。要するに、このようないい加減に済ませたやり方は、明らかに弁護士として失格であり、とてもひどいものであると思います。
　ですから、2010年7月28日、ラジオから死刑廃止論者である千葉法相が2人の死刑を執行したニュースを聞いた時には大変驚きましたが、その直後に記者会見の中で、千葉法相が言った「いずれの事件も裁判所におい

て十分な審理を経たうえで、最終的に死刑が確定したものでございます」という無責任な見解を知った時には、二度びっくりで仰天しました。なぜなら、彼女が明確に全死刑事件を指して言っていないとしても、今後、他の死刑囚の執行問題と死刑廃止の活動に多大な悪影響を与えてしまったと思っているからです。

　幸いに、この2、3年は、警察・検察の不祥事及び誤判による冤罪事件が次々と明るみに出ていますので、多くの国民がようやく迷いから醒めました。大部分の裁判官もようやく自ら法廷を信じて、供述調書より法廷での供述を重視するようになりました。

　ここで、特に強調いたしたいのは、戦後の事件で死刑や無期懲役となり、再審で無罪が確定した事件はこれまで7件ありました。それらは、いずれも捜査段階での自白が有罪の根拠となったものです。その「ストーリー至上主義」と自分の出世や評価を得たいという「自己中心主義」の本当の怖さは、実際に警察・検察の取り調べを受けた人間にしか分からないと言われます。

　皆さま、人間が人間を裁くということはすごく怖いでしょう!?

　善良で人間（特に司法官、警察と検察は皆、正義の味方であること）を過信している日本の一般市民には、上記7つの人命に関わる冤罪事件を担当した1000人以上の捜査官、法医学者、取調官、検察官と裁判官及び警察と検事らが描いたストーリーに合わせた偽証言をした証人たちの良心、正義心と公正心はどこに行ったのか、よくご理解しお分かりでしょう。彼らがしでかした事は、故意殺人または殺人未遂及び同罪幇助の犯人たちがやっていた事と、どこに違いがあるのでしょうか!?

　皆さま、私がここまで訴えた諸事情からも明らかであるように、死刑制度は、冒頭の通りに先進国である日本に相応しくないだけでなく、大部分の有識者の方々のお考え通りに、死刑制度は事実上、色々な欠陥を抱えた非人道的な刑罰であるので、一日も早く死刑執行停止を正式に声明して、そして一日も早く死刑廃止を実現しなければなりません。

　また、今後、冤罪事件や不当な判決を減らすために、当面は、まず取り調べの全面可視化や全証拠開示制度の立法化を早急に実現すること。そして、実現してから、受刑者と死刑囚たちが一貫して訴えている任意性と信用性のない供述調書と証拠などを裁判所に有罪の根拠（証拠）として採用

され、不当な判決を受けているという冤罪事件と部分冤罪事件の当事者（司法界で暗黒時代の被害者たち）に対して、どのような救済措置を実施し、救済（大規模恩赦による減刑など）するのか、至急に議論をしなければならないと思います。人生は苦しく短いし、時も人を待たないからです。

　思う事の半分も書けずお恥ずかしい次第ですが、皆さまには今後ともお力添えながら訴えの機会を賜りたくお願い申し上げます。謝々
2011年8月21日

死刑囚にも人権がある

匿名男性H

名古屋拘置所

衣食住の状態について

無駄な点検
(1) 名古屋拘置所では、1日2回点検というものがある。
　平日は7時30分と16時50分、土・日・祝日は8時10分と16時40分であるが、刑務官が「点検」と号令をかけ、収容者は上着を着用し、居室内において扉に向かって座ることになる。
　暑くても上着を着用しなければならないが、同所から貸与されている夏用とする上着は半袖ではあるが、冬物の長袖上着のそでを切ったたけという代物であり、暑いのである。
(2) 点検は、刑務官が各居室を回り、収容者が居室にいるかを確認するものである。夕方の点検時に限り、称呼番号を言わなければならない。
(3) ①点検は何のためにあるのか、又、②何故々々上着を着用しなければならないのか、すなわち、普段の生活の格好のシャツ姿では何故都合が悪いのかについて、幹部の刑務官2名に訊いたことがある。それに対する回答は、次のとおりであった。
　①については、収容者の健康状態のチェックをする意味もあるが、軍隊の習慣が残っているから、というものであった（後者は、第二統括矯正処遇官A（以下「A統括」という）によるものであった）。しかし、点検時に、刑務官が収容者を見るのは1秒もなく、グランス程度である。又、刑務官のなかには、全く見ることなく扉の前を歩いているだけの者もいる。仮に見ているとしても横目で、扉の前に座っているか否かの確認程度である。
　申立人は、これまでに運動も入浴もできない程、体調が悪くなり、顔が

真っ青になったことがあったが（平成18年6月29日、7月7日、平成19年2月5日、6月6日、12月22日、平成20年2月27日、10月20日ないし同月22日、平成21年3月25日、10月19日、同月20日、平成22年8月27日、平成23年2月24日、6月22日ないし同月24日）、点検の刑務官は全く気付かず、何も言わなかった。すなわち、健康状態のチェックを目的としているとしても、実際には一度たりとも実施されていないのである。

　軍隊の習慣が残っているとの回答は、傲慢なる刑務官ならではのものである。

　②については、規則だから。又、軍隊の習慣が残っているから、というものであった。

　規則だからという理由が理由にならないことは明白であるが、すなわち、合理的理由を説明する事は出来ないという事なのである。そもそも点検を行う正当性が仮に存在するとしても、上着を着用しなければならない合理的理由はないのである。

　軍隊の習慣云々については、前述と同様に論外である。

(4) 収容者の不在等の異変がないから点検できるのであって、点検は、目的と手段が循環論法の如く、合理性も整合性もないのである。

　顔が真っ青になっていても全く気付くことのない点検は、健康状態のチェックの目的もないのである。

　しかし、これらを説明しても、理解できる刑務官はいない。理解しようとしないのか、理解しようとする能力が欠如しているのかは不明である。

(5) 以上のとおり、点検は全く不要であって、時間の無駄、点検に要する刑務官の人件費の無駄使いなのである。一介の刑務官が20分ないし30分に一回の割合で巡回しているのであるから、態々点検する必要性はないのである。

　仮に、刑務官の給料を40万円とすると、1分で約42円となる（月20日で1日8時間とする）。点検は2名で行い、一回の点検が少なくとも10分位なので、月に2万5400円（＝42円×2名×10分×30日）。年間では30万円強となる。但し、これは1フロアーのみの金額である。15フロアーであれば、年間450万円以上の人件費の無駄使いとなるのである。尚、上記10分は、刑務官の準備の時間も含んでいる。

居室の照明の照度が著しく低い

(1) 名古屋拘置所の独居室は、3畳と便器、洗面が1畳分ある。よって、合計で4畳となる。

照明は30Wの蛍光灯が1本のみであり、半透明のカバーがあることにより、30W分の蛍光灯の光を受けることはできない。

しかし、刑務官が仕事をする所である、例えば取り調べ室は、独居房より狭く3畳位であるが、30Wの蛍光灯が2本で半透明のカバーはない。又、医務室の待ち合い室も取り調べ室程度かそれ以上の明るさが確保されている。

(2) 主婦の友社から出版されている『疲れ目、視力減退の治し方』(93頁)によると、「照明も目の健康にとっては大事な条件の一つです」とした上で「読書、帳簿つけ、針仕事などには、400〜500ルクスぐらいの明るさが適しています」とのことである。

そして、適切な照明の目安として、4・5畳で蛍光灯なら30Wが2本必要とされている。

拘置所では、主に読書、物書きなので、上記の照度が必要となる。

(3) 申立人が国倍を提起した際(名古屋地方裁判所平成19年(ワ)第6329号)、被告から提出のあった準備書面(平成20年2月29日付け)によると、「平成17年10月19日に測定された、原告が生活する単独居室内の昼間(午後2時ころ)の照度は約170〜275ルクスであり、同居室と同様の近隣の居室内の夜間(午後7時ころ)の照度は190ルクスであった」とのことである(疎1の4頁のイ)。

すなわち、日中は外部からの光が入り、夜間に比べ若干明るいものの、最大値でも必要な照度の5割ないし6割程度なのである。そして、夜間の照度は半分以下なのである。

(4) 以上のとおり、名古屋拘置所の照明の照度は著しく不足しており、明らかに目の健康を害するものであって、憲法25条1項、及び13条、11条に違反するものである。

健康の維持は、目の健康も含まれるものであるから、刑事収容施設及び被収容者等の処遇に関する法律(施行平18・5・24、以下「法」という)56条で定められているとおり、社会一般の水準に照らし、適切な照度を確保しなければならないのである。

戸外運動日が少ない。
(1) 法57条には、「被収容者には、日曜日その他法務省令で定める日を除き、できる限り戸外で、その健康を保持するため適切な運動を行う機会を与えなければならない」と定められている。

刑事施設及び被収容者の処遇に関する規則」(以下「規則」という) 24条では、法57条に規定する法務省令で定める日は規則19条第2項第2号から第4号等とし、同条第2項は土曜日、国民の祝日に関する法律に規定する休日、1月2日、1月3日、及び12月29日から12月31日までの日とし、同条第3項は法務大臣が定める7月から9月までの間の前2号に掲げる日を除いて連続する3日とし、同条第4項は刑事施設の長が1月につき4日の範囲内で、その刑事施設において矯正処遇等のうち専ら作業以外のものを行う日として定める日、としている。

そうすると、戸外運動の日は、年間でおおむね240日位となる。
(2) ところが、平成19年は、戸外運動日は132日あったが内9日は雨天中止となり、123日であった。

平成21年より、入浴日の日も運動が実施されることになったが（それまでは、おおむね一週間の5日のうち3日が運動、2日が入浴であるが、夏期はその逆となる)、戸外運動日は138日あったが内7日は雨天中止となり、131日であった。尚、内10日は入浴日の日の運動で時間は15分であった。

平成22年は、戸外運動日は138日であったが内17日は雨天中止となり121日であった。尚、内8日は入浴日の日の運動で時間は15分であった。
(3) 雨天中止とは、戸外運動の開始の午前8時頃から15分ないし20分間雨天であれば成立としている。

8時30分、9時頃に晴天になることはよくあるが、一旦中止になれば、一日中戸外運動は中止となる。

但し、受刑者の戸外運動はおおむね午後からであり、その時点で雨天でなければ戸外運動は実施される。

死刑確定者に対しては、法32条1項の見地から、未決とは区別をし、午後から晴天になった場合は勿論のこと、午前中でも晴天になれば戸外運動を実施すべきである。

(4) 規則24条2項では、戸外運動は1日に30分以上できる限り長時間と定められているが、前項目（2）で述べた戸外運動は全て30分であり、入浴日の戸外運動は15分である。

すなわち、雨天中止にならなくても、平成21年における30分以上の戸外運動は128日しかなく、平成22年におけるそれは130日しかなかったのである。年間240日実施すべきであるが、実際には約半分程度の戸外運動日しかないのである。

外部交通について
面会時間及び無立会について
(1) 名古屋拘置所には、「所内生活のしおり」（以下「しおり」という）というものが、各居室に常備されており、主に収容者の義務が記載されている。

未決の者に対するしおりには、面会時間は30分までと記載されているが、死刑確定者用のしおりには時間の記載はない。しかし、未決を含み面会時間は10分程度との不文律があるようである。

(2) 未決の場合、弁護人又は弁護人になろうとする弁護士との接見は、刑務官の無立会で行われ、時間制限はなく、土曜日・日曜日等でも接見が可能である。それ故、上記の面会時間制限は、一般面会の場合となる。

ところが、刑が確定すると、再審請求の受任弁護士であっても、刑務官の立会があり、時間制限はおおむね30分となった。但し、延長願いを提出すれば、延長は認められるものの、せいぜい15分ないし20分程度の延長である。これは、再審請求の受任弁護士だけでなく、民事事件の受任弁護士についても、同様であった。

しかし、平成23年6月から、いかなる事情・理由があれど、延長は30分までとなった。

(3) 申立人の刑が確定したのは、平成17年1月21日であり、その後、再審請求の受任弁護士、人権問題に係る弁護士会からの聞き取り調査のための弁護士、民事事件の受任弁護士との接見が、平成23年5月頃までの約6年4月の間に30回位あった。接見時間は、延長願いの申出により、40分ないし50分位であった。尚、申立人は、それでも接見時間が少ない、と思料する。

故に、名古屋拘置所は、弁護士との接見時間は、30分を上回り50分で

あっても構わないとの慣習によりその意思を有していると認められるのであるから、その習慣に従い、いかなる事情・理由があれど30分間のみと限定することは、民法92条に反することになる。

又、弁護士との接見時間を30分以上（例えば40分ないし50分）認めていたことが、法律行為の要素に錯誤があった時には該当しないので、民法95条から、名古屋拘置所は接見時間を30分までと主張することはできないのである。

(4) 規則73条には、面会時間は30分を下回ってはならないとあるが、ただしとし面会の申出の状況等やむを得ないと認めるときは30分を下回る時間に制限することができる、としている。

名古屋拘置所では、ただし書きを金科玉条として、面会時間をおおむね10分としているのである。

しかし、死刑確定者にとって、面会は心情の安定に大きく寄与するものであり、そもそも、弁護士との接見は、身分上、法律上、又、業務上重大な利害に係る用務の処理のためであるから、前述したとおり民法にも抵触した名古屋拘置所の措置（弁護士との接見において、いかなる事情・理由があれど接見時間は30分まで）は、憲法25条、及び同13条、11条にも反するのである。

(5) 法121条1項のただし書き、及び法務省矯正第3350号（疎2）の項目24の（4）（8頁）において、「（死刑確定者と）弁護士法3条第1項に規定する職務を遂行する弁護士や、再審請求等の代理人たる弁護士との面会については、立会い等の措置の省略を適当とする事情があると考えられる」とあることより、再審請求の受任弁護士はもとより、弁護士として行う法律事務のための弁護士との接見は、無立会とすべきなのである。

達示36号（疎3）の第22条では、無立会面会について「死刑が確定した後、おおむね3年を経過した時点において、保安管理上特に支障がなく、かつ本人の心情が安定している場合」としている。よって上記の弁護士との接見における無立会は、死刑確定後3年を経過した時点で検討すべきなのである。

ところが、申立人の死刑が平成17年1月21日に確定し6年半以上が経過し、その間の弁護士との30回以上の接見、及び一般面会において事故も注意を受けたことも全くなく、日々の生活においても全く事故が発生し

ていないにも不拘、立会ありきにて、無立会の検討すらしていないのである。

医療について
歯周病について
(1) 申立人は、平成 19 年 7 月 2 日に、名古屋拘置所の嘱託歯科医師により、歯周病との診断を受けた。

　平成 20 年 2 月 18 日に、下の歯の歯石を除去した際、歯のレントゲン、歯周ポケットの深度測定の申出をした。

　しかし、歯周病治療は行わないので、審査は意味がなく無駄であり、そもそも歯のレントゲン、歯周ポケットの深度測定等の検査が名古屋拘置所では存在しない、との回答であった。又、同所では歯周病は治せない、治らない。そして、歯周病自体治らない病気である、ということであった。
(2) 平成 20 年 3 月 24 日に、上の歯の歯石を除去した際、歯周病治療を再度申出をした。ところが、回答は次のとおりであった。
①歯周病は治らない。
②世の中の人でも、殆どの人が歯茎から出血している。
③出血しても大したことない。

　その際、ティッシュペーパーに、下の歯茎からの出血を見せても、大したことはない、と言われた。

　尚、平成 20 年 2 月 18 日の時も、同年 3 月 24 日の時も、「ブラッシングをして下さい」をブラッシング指導とし、歯周病治療としては、当初では歯石除去する以外に方法はない、と言われている。
(3) 申立人は、平成 20 年 3 月 10 日付けにて、願せんを提出し教示を求めた。同願せん内容は、次のとおりであった。

「歯周病の治療について教示願いたいのですが、質問の詳細については口頭で申し上げたく取り計らい願います。尚、概要は次のとおりです。
1　2 月 18 日に歯科医から「歯周病は治らない」「治療はできない」と言われたが、次の治療も存在しないのかについて
①プラークコントロール、②ルートプレーニング、③不良補綴・修復物の修正・除去、④咬合調整、⑤暫定固定、⑥歯周ポケット掻爬（そうは）、⑦齲蝕処置、⑧歯内治療、⑨知覚過敏処置 etc

2　森山貴史氏（東京歯科大学水道橋病院）によれば、「ブラッシング指導とは十分な時間をかけるようにしている」とのこと。
　歯科医の言う「ブラッシングをして下さい」がブラッシング指導か。
3　愛知県歯科医師会によれば、ブラッシングは既に起きたダメージは回復しない、つまり、ブラッシングには歯周病を治す効力は有していないとのこと。
　これと歯科医の言の関係について。
4　平成18年2月13日、平成19年3月19日、同年7月2日、平成20年2月18日に歯科治療を受けているが、歯周病が悪化しているとの所見の有無について。医務課長殿」
　上記願せんに対し、口頭で説明する機会はなく、同年3月21日に「回答の限りではない」で終ってしまった。
(4) 心筋梗塞や早産、肺炎や糖尿病なども歯周病が原因で発病・悪化することが解明されている。
　アメリカの歯周病学会の元会長であるカリフォルニア大学ロサンゼルス校のマイケル・ニューマン教授は、「歯周病菌が体内に侵入して悪さをするためだ」と説明している。
　米国の歯周病学会は、「歯周病は、心筋梗塞などの死に直結する病気を導く」と報告し、同教授は、「歯周病の人は健康な歯茎の人に比べて、心筋梗塞を起こす確率が3倍高い」と発表している。
　炎症を起こした歯茎は組織がスカスカで、歯周病菌を簡単に通してしまい、そして、体内に入った歯周病菌は血流にのって全身に散らばるのである。この歯周病菌が血管の内側に張り付いて炎症を起こすと、それが動脈硬化の引き金になり、動脈硬化を放置すると心筋梗塞の発症危険度が増加するのである。実際に、心筋梗塞の患者の血管を調べると、動脈硬化が進んだ場所から歯周病菌が見つかるとのことである。
　尚、歯周病は治る病気であるにもかかわらず、治療をしないのは、明らかに治療の放棄であり、そして、歯周病が死に至る病気であることから、名古屋拘置所の言動は、憲法25条、13条、14条、及び11条で保障された権利を侵害することになる。

処遇の悪化
1　異常な捜検
（1）名古屋拘置所では、定期的に居室内の所持品等の検査があり、これを捜検と呼んでいる。書類等をひっかき回して点検する、というものである。

　平成23年6月24日の捜検時に、裁判所に提出する書面が明らかに踏まれてグチャグチャになっていたことがあった。以前も同様のことがあり、同年5月25日のM統括との面接において苦情を申し出たところ、同年6月3日にM統括から「現状維持に努め不適切とは認められない」との不当な回答があったので、同年6月24日の件については苦情の申出はしなかった。名古屋拘置所は、確たる証拠がなければ水掛論となり、謝罪をせずに済むと考えているのである。極めて傲岸不遜であり、「矯正」とは正に渾名である。

（2）平成20年11月6日から、死刑確定者及び長期の者に対する捜検は、ほぼ毎週となった。それまでは年に5～6回であった。

　その理由は、名古屋拘置所の刑務官による情報漏えい事件によるものであろうと推断される。幹部が部下の監督・指導ができず、捜検を増加させ、苦痛を強いているのである。

　平成22年11月15日からは、捜検の間別室に移動し、時間はそれまでと全く異なり、おおむね30分、時にはそれ以上となった。

　捜検は、刑務官3名によって行われる。たいていは運動日（運動は週に3回、入浴はそれ以外の日で週に2回であるが、夏期は逆となる）に行われるが、夏期は入浴日に行われることもある。

　平成21年も、平成22年も年48回の捜検があり、平成23年も同様のペースで捜検が行われている。

（3）未決者に対する捜検方法は2～3か月に1回で、刑務官1名によって行われ、時間は2分位である。その間、収容者は、扉の隣で立って待っている。

（4）以上のことより、死刑確定者等に対する捜検の時間は、年に24時間（＝48回×30分）となるが、未決者に対するそれは、多くても12分位（＝6回×2分）となる。

　そうすると、死刑確定者等の捜検の時間は、未決者の360倍（＝24時間×60分×3名÷12分÷1名）となる。

刑務官に、何故捜検の時間が異常に長いのかと訊いた所、所持品が多いからという回答であった。
　しかし、未決者の360倍も所持品がある訳がなく、その回答には理由がないことは明らかである。
　すなわち、捜検は、捜査をすることが目的ではなく、名古屋拘置所は生殺与奪の全ての権力を握っていることを誇示し、生活の場をひっかき回すことにより、人格を乗っとり、ペシャンコにすることが大きな目的でもあるのである。

3　情報漏えい事件

(1)　平成23年3月30日付けの中日新聞夕刊によると、事件の内容は次のとおりである。
　名古屋拘置所の副看守長（53才）と看守（32才）が情報を漏えいした事件である。
　副看守長は、平成20年8月ないし平成21年11月の間において、同所に勾留中の30代の被告に、47人の収容者と面会や手紙のやりとり、差入れをした153人の名前・住所・年齢などを計37枚のメモにして渡した。
　看守は、平成21年7月ないし平成22年2月の間に、同被告に58人の氏名や住所を漏らした。情報を漏らされた収容者と同被告に面識はなかったが、被告が執拗に他の収容者の情報を求めた。
(2)　ところが、その後今日に至るも、名古屋拘置所から収容者全員に対する謝罪は全くない。
　そもそも、刑務官に対する管理不十分により起きた事件なのであるから、管理が杜撰であったことを真摯に謝罪し、今後はどのような管理をするのかを明確にすべきである。
　このように、重大な事件が発生しても傲岸なる態度に徹していることは、同事件は起こるべくして起きた、と言っても過言ではないのである。

結語

1　これまで述べたとおり、名古屋拘置所には、収容者には人格があり、憲法で保障された権利を有している、という認識が全くないのである。
　同所にあるのは、収容者全てに対し、あらゆる方面‐方法で叩いて叩いて

叩きまくり、ペシャンコにして人格を乗っとろう、という精神のみである。そして、幹部職員のなかにも、必ず睥睨していく者がいるのである。換言すれば、暴力には暴力をもって制するしかない、と考えているのである。
2　これらは、再犯の遠因になっていることは明らかである。
　きり分校の出身者には再犯がないことからも言えることである。
　しかし、これらに気付いている者は、おそらく一人もいないであろう、と思料される。
3　名古屋拘置所の合理性・正当性等のない処遇については、まだまだ書き足らないが、とりあえず、ここで一旦終了することにします。このような機会がまたあれば、と心から望む次第であります。

以　上

死刑執行手続きに関する意見

坂口弘

東京拘置所 /65 歳
連合赤軍事件(1971 〜 72.2)
1946 年 11 月 12 日生まれ
1982 年 6 月 18 日　東京地裁(中野武男)にて死刑判決
1986 年 9 月 26 日　東京高裁(山本茂)にて死刑判決
1993 年 2 月 19 日　最高裁(坂上寿夫)にて上告棄却、死刑確定
「共犯」は「超法規的措置」により国外へ。著書『あさま山荘 1972』(彩流社、上下 1993 年、続 95 年)、『坂口弘歌稿』(朝日新聞社、93 年)、『常しへの道』(角川書店、2007 年)など。再審請求中。

（1）動脈管開存症という心臓病を患っております。必要な手続きを済ませさえすれば、実務的に外部の病院で手術が受けられるよう希望します。

（2）死刑執行手続きに対する意見
　私は、折に触れて現行の死刑執行手続きに疑問を呈してきた死刑確定者です。
　最も納得がいかないのは、法令により権利が認められている（死刑執行に対する）異議申し立ての権利行使のための機会が奪われていることです。刑事訴訟法第 502 条は裁判の執行処分に対する異議申し立ての権利を保障しています。ところが現行の死刑執行手続きはこうです。
　刑務官は、確定者の室の扉を開けて死刑執行を告知すると、その場で確定者を拘束し、すぐ刑場へ引致します。刑場の中には拘置所長が待機していて、彼が正式に死刑執行を告知します。終わると、確定者は緊縛され、手錠をかけられ、そのままの格好で処刑台に連行され、そこで首縄をかけられ、踏み板を外されて、首吊りの状態で殺されるのです。

この流れの中で、私たち死刑確定者は異議を申し立てることが出来ません。執行に対して異議の申し立てができないように仕組まれているのです。
　次に疑問に思うのは、法務省が死刑執行の事前告知を拒む理由に死刑囚の利益擁護をあげていることです。死刑囚に死刑執行の事前告知をすると過度の苦痛を与えるので、そうならないよう死刑囚のために当日告知をしているのだといいます。そうすると、私たち死刑囚は法務省に感謝しなければなりませんが、勿論そんな筋合いは全くありません。彼等は真実を語っていません。本当の思わくは、手際よく死刑執行を済ますことです。これは公言できるものではありません。それで死刑囚のためを装っているのです。
　先ほどの説明のつづきになりますが、執行を告知されると、死刑囚は室の片付けもできません。下着を取り替えることも不可能です。遺書を書くことも満足にさせてもらえません。（人によっては５分の時間が与えられますが、こんな短時間に何が書けるというのでしょうか）。そして、最初の告知から長くても一時間ほどで首をくくられて殺されてしまうのです。
　死刑執行は復讐ではなく刑罰の執行です。それは国家が個人に対して行う最大の不利益処分です。ならばそれに見合う相応の配慮があってしかるべきでしょう。
・事前に告知して心の準備をする機会を与え、死刑囚自ら苦痛の軽減をはかれるようにする。
・防御権があること、異議を申し立てる権利があることを伝える。
・死刑の執行には弁護士の立ち会いを認める。
　これが本来、死刑執行実務のあるべき姿でしょう。
　だが、現行の死刑執行手続きは、死刑囚側の都合や権利は一切顧みず、あたかも犬や猫を殺処分するようにスピード処刑しています。しかもそれを適正な手続きを踏んでいると公言します。
　それならお聞きしますが、陳徳通という中国籍の人を中国政府に事前通告せず処刑した（2009年7月28日）ことは、手続きに瑕疵がないと断言できますか？　冤罪の疑いが濃厚な久間三千年氏を確定後わずか２年１ヶ月２０日で防御権を一切奪った上で処刑したことも、手続きに瑕疵がないと断言できますか？
　死刑執行実務の現状を少し詳しく検討すれば、このように適正でない事

例はいくらでもあるのです。

　先ほど法務省の当日告知は死刑囚に過度の苦痛を与えないためだという説明のまやかしを明らかにしました。私は、死刑に対する法務省のこういう厳粛さを欠いた態度は由々しき問題をひき起こすだろうと思っています。

　2008年4月17日付朝日新聞に次の記事が掲載されました。

　「法務省には（裁判員裁判の始まりを前にして）死刑を特殊な事例をしてとらえるのではなく、法にもとづいてごく当り前のように執行すれば市民の抵抗感が薄まるという思惑がある。」

　人間の生命を奪う刑罰が特殊な事例でないはずがありません。神のみに許された行為を人間が行うのです。強烈な反作用があり、猛烈な反省を強いられます。法にもとづけば、「ごく当り前に……執行」できると思うのも幻想です。法にもとづこうと、もとづくまいと、人殺しは所詮人殺しであり、魂を汚す残虐行為なのです。いわんや政策的視点から市民の抵抗感をまひさせることを狙うなど正気の沙汰ではありません。

　法務省は、こういうまともでない思惑の下、先にも触れたように2008年10月28日、冤罪の疑いが濃厚な久間三千年さんを処刑するという有り得べからざることをしてしまいました。法務省はこの先も、何ら反省することなく、第二、第三の冤罪者も処刑していまうのでしょうか？

このアンケートの公開まで

　2011年10月8日に「世界死刑廃止デー記念　響かせあおう死刑廃止の声2011」が、新宿区の牛込箪笥区民ホールで開かれました。これは毎年、死刑廃止国際条約の批准を求めるフォーラム90が世界死刑廃止連盟〈WCADP〉が決めた世界死刑廃止デー10月10日前後に行なう大規模な集会です。辺見庸講演「死刑はそれでも必要なのか——3・11の奈落からかんがえる」に続く第2部で、「死刑囚からあなたへ」と題し、死刑確定者へ送ったアンケート調査の結果を発表しました。2011年6月までに死刑が確定していた120人全員に、福島みずほ参議院議員事務所を通してアンケートを送付し、回答のあった87名（3名の回答拒否者を含む）のうち、84名の回答を、東京芸術座の劇団員の人たちに朗読していただきました（出演・榎本那尚、中屋力樹、脇秀平、越川貴史、江部茜、協力・滝沢ロコ）。70分程度という枠の中で、回答全てを発表するわけにはいきません。その人が一番訴えたいであろうところを汲み取るように抜粋して、読み上げていきました。

　まず最初に回答を拒否したり、匿名を希望したりした人のメッセージ4通を、4人の役者が舞台上で読み上げました。最初のメッセージは、3月11日の大震災にふれながら、「納税の義務を果たしていない私が大切な血税にて生かされて、罪のない被災地の方々

会場は詰めかけた人で溢れかえった（撮影・大島俊一）

が苦労されていることを考えると、とてもこのアンケートに答える気持ちになりません。申し訳ありません」というものでした。今回の震災が、彼らに与えた衝撃は、私たちと同じように、いやそれ以上に深いものがあったことが感じられます。

（撮影・大島俊一）

　続いて死刑が確定した順に、アンケート回答の文面や送られてきた絵画・写真をスクリーンに投影しながら、回答を読み上げていきました。「いま一番訴えたいこと」の内容では、被害者の人たちへの反省の日々や、どのようにしたら償うことができるのかということを書いている人が多くいました。また自分は正当に裁かれていない、という訴えが多くありました。自分の主張を全く裁判所が聞き入れてくれず、検察側の言い分のみを採用していくことへの不満。なぜ本当の事を裁こうとしないのだ、という今の司法制度に対する憤りは多くの回答から感じました。冤罪を訴えている人はもちろんですが、自分の罪を認めている人も、今の裁判では本当のことを明らかにしようとしないと訴え、正当に裁いてもらいたいという思いから再審をしている人が数多くいることがわかりました。回答発表の途中に、アンケート結果の数字をグラフ等にして表したものをスクリーンに映しながら、今の死刑確定者の置かれた状況を伝えました。そこからは、外部交通（文通・面会）の問題、健康や病気に関する問題、処遇に関する問題等々、人権を無視されている死刑確定者の状況が浮かび上がってきました。全員のアンケートの発表が続いていきました。最後に、回答を寄せてこなかった残り34名の人たちにも、思いを至らせてくれるように客席に訴えて終了しました。

　この本には、その後新たにアンケートおよび原稿を送ってきた人が5名いたほか、掲載を拒否した人が2名いましたので、90名の死刑確定者からの声が載っています。

2008年に今回と同様のアンケートを実施しました。その時の回答者は77名でした。その後、その中の11名が処刑され、6名が獄死しました。たいへんに無念なことです。今回アンケートに答えてくれた人々が、そのような結果になることは耐え難いことです。そのようにさせない第一歩が、昨年2011年を死刑執行ゼロの年にすることでした。その第一歩はかない、平岡秀夫法務大臣は死刑執行することなく、2011年は幕を閉じました。しかし、今年2012年1月に内閣改造が行われ、野田首相は何の落ち度もないと思われる平岡法務大臣を辞めさせ、小川敏夫が法務大臣となりました。小川法務大臣は就任早々の記者会見から、執行をすると明言しています。死刑執行をすることが法務大臣の職責であると言い放っています。何という時代錯誤でしょうか。どういった人権感覚でしょうか。私たちにはまったく信じられませんが、この発言は法務省の意向に沿ったものであり、政治家としての考えが全く伝わってきません。これは自民党政権以上の官僚主導の政治をしている、野田政権そのものの姿の反映とも言えるでしょう。

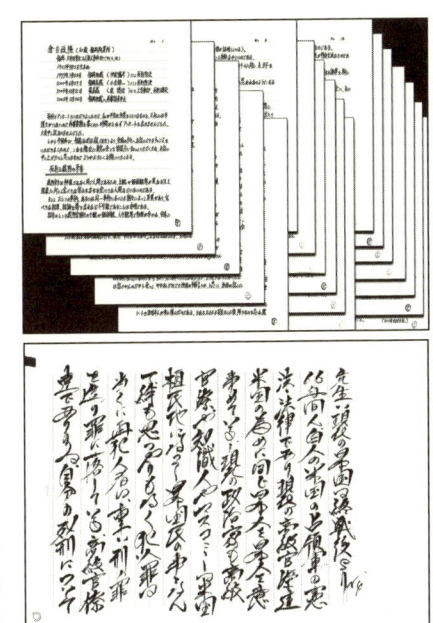

送られて来た手紙をプロジェクターでスクリーンに映写した

　執行ゼロの年を1年ずつ伸ばしていくこと、それが死刑廃止への道につながっていくことでした。2012年も死刑執行ゼロにしていく運動を、強力に進めていこうと私たちは努力してきました。しかし年度末の3月29日に小川法相は私たちのアンケートに答えた2名を含む3名の死刑を執行しました。
　今回のアンケート結果をこのように一冊の本としてまとめたことは、意義深いことであると自負します。死刑確定者がこのような状況にあるのだということを、ひとりでも多くの日本人にこの本を読んでもらい、知ってもらうことが必要なのです。この本が日本の死刑制度を真摯に考え、廃止の方向に持っていくための一つの大きな材料となることを願ってやみません。

　　　　　　　　　　　　　　　　　　（可知亮）

死刑確定者の現状
アンケートから

アンケート実施日　2011年6月20日に福島みずほ参議院議員の協力を得て郵送
　　　　　　　　締切日は8月末日
　　対象者　6月当時死刑判決が確定していた120人
　　返　信　87人（うち3人は回答辞退）
（前回は2008年に実施、77人が回答。その後11人が死刑を執行され、6人が獄死）

1—2　拘置所別（回答数84）
　　札幌　　　　1人
　　仙台　　　　4人
　　東京　　　38人
　　名古屋　　12人
　　大阪　　　16人
　　広島　　　　1人
　　福岡　　　12人

1—3　年齢（回答数82）
　　80代　　　3人
　　70代　　　9人
　　60代　　27人
　　50代　　21人
　　40代　　14人
　　30代　　　6人
　　20代　　　2人
（最高齢は89歳、最年少は26歳）

2—1　裁判について（フォーラム90の調べによる）
☆三審を経ないで死刑が確定
　　上告取下げ　　3人
　　控訴取下げ　　3人
　　〈その理由〉

・不当判決を出す裁判所やマスメディアの報道が嫌で早く死にたかった。死して罪を償うつもりだった。
・精神分裂症だと思います。
・忘れてしまった。

☆判決について
　　一審判決は無罪　　　　　1人
　　一審判決は無期懲役　　　9人
　　一審・二審とも無期懲役　1人
　　再戻し地裁で無期懲役　　1人

判決について

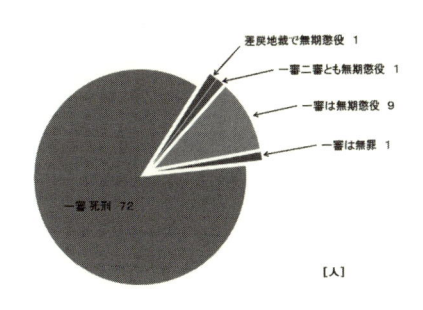

- 差戻し地裁で無期懲役 1
- 一審二審とも無期懲役 1
- 一審は無期懲役 9
- 一審は無罪 1
- 一審 死刑 72

［人］

2－3　再審請求について（回答数 80）
　　している　　　　　52人
　　今後する予定　　　20人
　　以前していた　　　 6人
　　していない　　　　 2人
　　まだ分からない　　 4人

再審請求

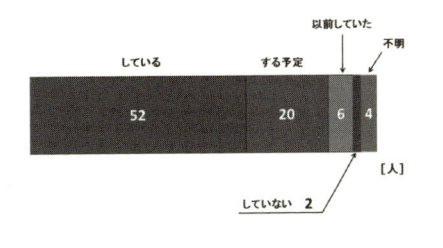

している	する予定	以前していた	不明
52	20	6	4

していない 2

［人］

2－4　恩赦出願について（回答数 71）
　　している　　　　　 8人
　　今後する予定　　　 7人
　　以前していた　　　12人
　　していない　　　　41人
　　まだ分からない　　 3人

2－5　日本の司法について言いたいこと
2－5－1　裁判官に（記述式の質問 回答数 37）
　　公正な裁判を　　　　　　6人
　　証拠に基づき正しい判断を　4人
　　検察のいうなり　　　　　3人
　　激しい怒りを覚える　　　2人

〈回答から〉
・誘導されてとられた調書を採用しないでほしい。
・検察調書、警察調書を偏重し、初めから有罪を前提にしている。
・真の裁判官は、この国にいない。
・検察官、警察官の事件の捏造に目をつぶらないでほしい。
・自ら下した判決に、なぜ涙ながらに控訴をすすめたのですか。

・再審の門戸を開いてほしい。

2−5−2　**検察官に**（記述式の質問　回答数 27）
　　　　証拠を改ざんするな　　　4 人
　　　　証拠を隠すな　　　　　　3 人
　　　　証拠を捏造するな　　　　2 人
〈回答から〉
・検察官のストーリーと違うと、調書をとってくれなかった。
・日本では禁じられている司法取引を裏でやっている。
・可能な限りの重い罪を求め、意識を朦朧とさせ署名指印をとる。
・脅迫、誘導による自白強要と、被告人に有利な証拠、供述の隠ぺい。
・取調べの完全可視化は絶対に必要。
・冤罪ではないが、造罪。
・内部告発する勇気をもってほしい。

2−5−3　**弁護人に**（記述式の質問　回答数 27）
　　　　感謝　　　　　　　　　　　　　6 人
　　　　弁護人の弁護活動への怒り　　　6 人
〈回答から〉
・被告人の言うことをよく聞いて、それに反した方針をとらないでほしい。
・接見を多くしてほしい。
・弁護士会でも弁護人制度改正に向けて動いてほしい。
・現地調査はなく、接見は公判直前だけだった。
・忙しいでしょうが、ケアしてほしい。

2−5−4　**法務大臣に**（記述式の質問　回答数 18）
〈回答から〉
・死刑執行をしないでほしい。
・死刑執行はみせしめにはならない。
・「苦情の申出」に早く返事がほしい。
・再審請求中は処刑しないでほしい。
・すみやかに死刑執行するように。刑法では 6 カ月以内と決まっている。
・死刑判決は全員一致にしてほしい。

2−5−5　**拘置所長・職員に**（記述式の質問　回答数 24）
〈回答から〉
・外部交通の枠を広げてほしい。

- 確定して遮断された外部交通を認めてほしい。
- 弁護人との面会時の立ち会いはやめてほしい。
- 現場の職員には感謝。
- 差別処遇の是正。
- 死刑確定者にとって拘置所は終の棲家。がんじがらめではない処遇を。
- 面会時間を以前のように30分に戻してほしい。

2－5－6　支援者に（記述式の質問 回答数10）
〈回答から〉
- 心から感謝しています。
- 外部交通が許可されていません。
- 死刑囚というだけでご支援下さるのは間違いです。被害者の無念をご思料下さったうえでのご支援を。
- ニュース等がまったく届かなくなった。
- 外部交通が認められていないので、返信できず申し訳ありません。

2－5－7　その他の人に（記述式の質問 回答数16）
〈回答から〉
- 被害者、被害者ご遺族に心から謝罪します。
- 真の弁護士に会わせてください。切に切に願います。
- 大勢の冤罪者が苦しんでいることを知ってほしい。
- 再審請求を希望するすべての死刑確定者に弁護人をつけてほしい。
- 証拠開示のルール化など、再審法の整備を求めたい。
- 有名事件ばかりを支援するのではなく、ほんとうに支援が必要な人を支援してほしい。
- 検察よりも警察の取調べを完全可視化しなければ意味がない。
- 裁判員制度は1日も早く見直すべきだ。

3－1　衣食住についての要望・感想（記述式の質問、回答数47）
　　食事の改善　10人
　　暑さ対策　　7人
　　特にない　　4人
　　外の景色が見えないがほかは問題ない　2人

〈回答から〉
- 病舎での生活なので配慮があるが、日に当たれるのは月2回だけ。
- 拘禁生活36年で、すべてに慣れた。
- 飯の中に常に虫や薬品が入っている。

・東日本大震災の被災者がつらい思いをしているなか、人並みの生活をさせてもらっている。
・今は社会の人よりこの中にいる人のほうが不自由がないかもしれない。
・外部交通制限で面会・差し入れがなく、ほとんど官の貸与品で生活。
・洗濯物に困っている。下着は洗ってもらえるが、他は 7、8 年洗っていないものが多い。
・旧監獄法の時代よりよくなった。
・土の上で体いっぱいお日さまを浴びて運動がしたい。
・自分の身分にてらせばベストだが、あまりに閉塞的で国粋主義的なところもなくはない。
・不利益な処遇になると困るので、回答したくない。
・きわめて普通のように努めないといけません。
・親族、友人のおかげで不自由な中でも足ることを知ることができ、ありがたく思う。
・今後、一生（監視）カメラ付きの居室での生活になると職員に言われた。
・総量規制の制限は厳しすぎる。
・9 年余りで飲食物と衣類の差し入れは 2 回ずつしかない。外部交通許可者以外の差し入れも認めてほしい。
（罫紙 5 枚の提言を送ってきた人 1 名、26 項目を挙げた人 1 名）

3－2 外部交通について

☆面会について（回答数 79）
　　　面会がある　　　　66 人
　　　面会がない　　　　13 人
　　（面会があると回答した人のうち 8 人は弁護士のみ、2 人はカトリックのシスター 1 名のみ）
☆文通について（回答数 77）
　　　文通がある　　　　70 人
　　　文通がない　　　　7 人
　　（文通があると回答した人のうち 3 人は弁護士と教誨師のみ）
☆面会も文通もまったくない　　5 人

☆面会をしている友人・支援者等の平均人数
　　　東京拘置所　　　　2.1 人
　　　名古屋拘置所　　　1.1 人
　　　大阪拘置所　　　　0.8 人

☆文通をしている友人・支援者等の平均人数
　　東京拘置所　　　　　2.7人
　　名古屋拘置所　　　　1.5人
　　大阪拘置所　　　　　1.1人
　〈ほかの拘置所は回答数が少なく比較できない〉
　（東京・福岡拘置所は面会、文通が最多で5名。名古屋・大阪拘置所は文通が最多で4名、面会は最多で3名）

3－3　健康状態について（回答数71）
　　健康面で不安はない　　　　18人
　　定期的に治療を受けている　36人
　　複数の薬を定期的に服用　　17人
　（健康面で不安はないと回答した人のうち3人は、アンケート回答の文面などから、精神疾患や拘禁症状の悪化が懸念される）

☆病名・症状（複数回答）

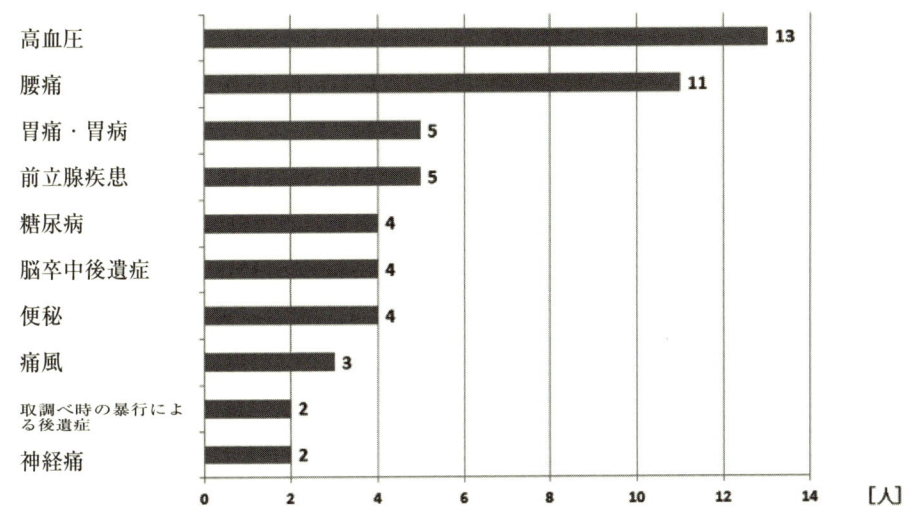

病名・症状	人数
高血圧	13
腰痛	11
胃痛・胃病	5
前立腺疾患	5
糖尿病	4
脳卒中後遺症	4
便秘	4
痛風	3
取調べ時の暴行による後遺症	2
神経痛	2

〈以下は1人〉
　　多発性骨髄腫　心因性咽喉閉塞　結核　動脈管開存症　C型肝炎　てんかん　心筋梗塞　じん肺　頚椎後縦靭帯骨化症　椎間板ヘルニア　群発頭痛　中咽頭扁平中皮癌　進行性筋ジストロフィー　むずむず脚症候群もしくはパーキンソン病による痙攣
　（頭痛、痔、歯科疾患等も多数）

3-4-1 懲罰を受けたこと（回答数73）
　　ある　　　31人
　　ない　　　42人

3-4-2 不服申立や視察委員会への投書の手続きをしたこと（回答数68）
　　ある　　　　　　　　　　　　　　33人（以下は複数回答）
　　1　審査の申請　　　　　　　　　　11人
　　2　事実の申告　　　　　　　　　　 7人
　　3　苦情の申出　　　　　　　　　　22人
　　4　視察委員会への投書　　　　　　21人
　　1〜4のどれに当たるのか不明　　　 4人
　　ない　　　　　　　　　　　　　　35人

3-5-1 自己契約作業（請願作業）について（回答数77）
　　している　　　　　　　　　　　　 8人
　　していない　　　　　　　　　　　69人
　　　したいが作業がないと言われた　 3人
　　　許可にならない　　　　　　　　 1人
　　　体調が悪くできない　　　　　　 1人
　　　現在猛練習中　　　　　　　　　 1人
（作業は、紙袋貼り5人、方眼紙の包装1人など。紙袋を1枚作って3銭50厘と記した人がいた。100枚で3円50銭、1万枚完成させてようやく350円の計算となる）

3-5-2 教誨について（回答数75）
　　受けている　　　　　　　　　　　40人
　　　浄土真宗　　　　　　　　　　　11人
　　　カトリック　　　　　　　　　　 6人
　　　日本聖公会　　　　　　　　　　 5人（名古屋のみ）
　　　プロテスタント　　　　　　　　 5人
　　　キリスト教　　　　　　　　　　 4人
　　　日蓮宗　　　　　　　　　　　　 3人など
　　受けていない　　　　　　　　　　35人
（福岡拘置所では、2名が2つの宗教の教誨を受けている）

3-6 獄中生活でいちばん楽しいこと、うれしいこと（回答数71、複数回答）
　文通・面会　21人　テレビ・DVD（またはビデオ）視聴　17

面会　12　文通　9　送金・差し入れ　5　読書　5
孤立していないと感じた時　3　テレビ・ラジオ視聴　3　運動　3
新聞　3　ない　3　夢の中で家族に会えること　2　入浴　2
好きな本を読める時　2　教誨　2　修行ができること　2
自己契約作業をして働き稼げること　2
〈以下は、回答数1〉
　居室内の仏壇で毎日礼拝ができること　新証拠が発見されたこと　開発の成功　プロ野球中継　孫たちの成長　クリスマスプレゼント　まともな食事が出た時　ソフトバンクの勝利　自国語のビデオ視聴　詩歌等を暗記している時　誕生会　ラジオで好みの音楽が流れた時　子どもたちが立派に育っていること　職員観察・情報収集　テレビを見ながら間食　苦しいと感じることに対して何もかんじなくなること

3－7　**獄中生活**でいちばん苦しいこと、つらいこと（回答数68、複数回答）
　ない　7人（2名は罪を犯したので当然）　体調不良　5　会話がないこと　4
希望する人との外部交通不許可　4　ほとんどすべて　2　外部交通の遮断　2
冤罪で不当な拘禁をされていること　2　被害者に何もできないこと　2
被害者のことを思う時　2　お金がないこと　2　家族のことを思う時　2
冷暖房が弱くなった　2　機器による外部からの心身攻撃　2
〈以下は、回答数1〉
　情報不足　いつ処刑されるかわからないこと　無駄に生きていること
孤独感　ピアノが弾けないこと　人為的騒音で睡眠を妨害されること
自尊心が傷つくこと　再審請求の棄却　顔見知りの人が連れて行かれた時　差別処遇　食事がまずい　腰痛　震災後だれの役にも立てなかった　弁護士がいないに等しいこと　拷問　ひまな時　親族の死亡　親族の老化　支援者と交流できないため離れていくこと　職員のいじめ　外部がまったく見られないこと　常識や正論が通じないこと　時間が動かないこと　裁判が思うように進まないこと　死刑執行のニュースに接した時　被害者の夢を見る　母と面会ができないこと　長時間にわたる近隣の話し声やラジオの音　水分制限　外部交通の減少　毎日座っているだけなのでつらい　息抜きができない　証拠がなくなっていくこと　猛暑日の生活　家族に頼みごとを断られた時　仮歯がすぐ破損すること　検事が捏造した調書等を読まなければならないこと　家族が世間に白眼視されその家族にあらゆる負担をかけていること　運動回数の減少　言いたいことが何も伝えられないこと　親の葬式に出られなかったこと　所持品の制限　冤罪を晴らすために闘い続けること　寝る時に布団がなくなった

3－8　最近の処遇の変化でよくなったこと（回答数62、複数回答）
　　ない　21人　テレビ・DVD（またはビデオ）視聴の増加　15
　　外部交通の拡大　8　むしろ悪化している　6　飲食物の購入品目の増加　4
　　不明4（うち3名は確定直後）　食事の新メニュー　2

3－9　最近の処遇の変化で悪くなったこと（回答数62、複数回答）
　　ない　6人　発信が1日1通に制限　6　所持品等の総量規制　4
　　不明　4（うち3名は確定直後）　すべて　2
　　1通の便箋は7枚以内に制限　2　食事の内容　2
　　手紙に伝言が書けなくなった　2

（まとめ・国分葉子）

死刑囚の権利保障

再審と恩赦

（付：関係法令）

〒100-8962　参議院議員会館1111　福島みずほ事務所

はじめに

　死刑確定者は、他の受刑者と同じく、権利の保障手続が保障されています。
その重要なものは、再審請求と恩赦の出願の手続です。
　再審請求は誤った裁判のやり直しを求める手続です。恩赦の出願は、死刑判決を無期懲役に減刑してもらうことをお願いする手続です。この冊子は、これらの手続の解説書です。

よろしく！

再審

再審を請求したいとき、具体的にはどうすればいいのでしょう。
次ページに再審請求書の見本を示します。
- 再審請求ができるのは、有罪の言渡を受けた人。なお、本人が心身喪失の状態である場合には、その配偶者・子等が出すこともできます（刑事訴訟法439条）。実際には、弁護士が弁護人となって行うことが多いと思いますが、ここでは、主に本人が自分で行う場合を説明します。
- 今は横書きの文書が一般的です。年号は元号でも西暦でもかまいません。
- コピーを取ることが難しい場合は、カーボン紙を使って、自分用の控えを取っておきましょう。
- 宛先は原審（死刑が最初に宣告された裁判）の裁判所です。1審では無期懲役判決で、2審死刑判決のような場合は2審の高等裁判所になります。
- 在監している拘置所の所長に提出します。宛先に自分で送る必要はありません。
- 印紙は不要です。請求人の欄に署名・押印（指印で可）します。複数ページになる場合はページ数を入れておきます。
- 判決日付等で不明の箇所は記さなくてもかまいません。
- 添付書類の準備に手間取る場合は、「後日、追って送ります」としておきます。
- 理由等もなかなか書き尽くせない場合は、追って補充書を提出する旨、記しておきます。

▼**再審開始の要件と再審請求の要件：証拠の新規性と明白性について**

再審の開始にあたっては、証拠の新規性や明白性が厳しく問われますが、それは裁判所が判断することです。再審の請求自体に要求されていることではありません。

新規性のある証拠とは、審理されなかった証拠を言います。ですから、裁判所に請求したけれども採用されなかった証拠は、すべて新規の証拠となります。極端なことを言えば、本人あるいは関係者や弁護人が確定の前後を問わず書いた陳述書や意見書や手紙などの私信や、書籍やパンフレットなどの刊行物であっても新証拠となります。同一人物によるものであっても、新たな陳述書であれば新規性があります。
判例では、明白性については、その新規の証拠だけでなく、旧証拠（確定審での証拠）と併せて全体として判断されます。

▼**再審請求できる事件**

法律および判例は、再審の要件として、確定判決より軽い罪を認めるべき場合としています。ですから、有罪とされた事件のうち、どれか一つでも、
① 無罪（えん罪、正当行為、正当防衛、緊急避難、心神喪失や判例上認められている不能犯、期待可能性の不存在などの場合）
② 必要的減刑（自分の意思で犯罪を中止し未遂となった場合、幇助犯、心神耗弱などの場合）
③ より軽い罪となる場合（例えば殺人ではなく傷害致死、強盗殺人ではなく窃盗と殺人）があれば、再審請求できます。

【判例によれば、必要的減刑は、再審の対象とならないとされています。もっとも、これには学説上争いがありますので、判例が変更される可能性もありますから、請求をしてもいいでしょう。】

再審請求書

〇〇拘置所在監
請求人　〇〇〇〇　（印）
〇〇年〇〇月〇〇日生

　請求人に対する〇〇事件について、下記のとおり再審の請求をする。

【注：〇〇には罪名を入れる。例：殺人事件】

請求の趣旨

　請求人に対する〇〇事件について、無罪を認めるべき［あるいは：原判決において認めた罪より軽い罪を認めるべき］明らかな証拠をあらたに発見したので、再審を開始するとの決定を求める。

請求の理由

第1　有罪判決の表示
　　請求人は、〇〇地方［あるいは：高等］裁判所において、死刑判決を受けて確定した（判決日：〇〇年〇月〇日、罪名：〇〇罪、〇〇罪）。
【注：判決の日や罪名が分からなければ記載しなくても結構です。】

第2　再審の理由
　　〇〇という新規の証拠がある。
　　この証拠によれば、〇〇の罪につき、無罪であること［あるいは：原判決において認めた罪より軽い罪であること］が明白である。
　　よって、再審を請求する。
【注：提出する証拠によれば、無罪であることが明らかであることを記載します。】

添付書類

1　証拠　(1)　請求人の〇〇日付け陳述書（写し。原本は請求人が保管）
　　　　(2)　書籍『〇〇〇〇』（〇〇〇〇著、〇〇出版社、〇〇年刊行）の〇〇ページ（写し。原本は請求人が保管）
【注：書類が証拠である場合は、原本は大切に保管し、取りあえずコピーを提出し、原本を保管していることを明示しておきます。証拠が多数ある場合は、番号をつけておけばわかりやすくなります。】

2　原判決（手もとにない場合は、「準備中につき後送する」としておきます。）
【注：提出する場合にも、自分用の控えとしてコピーを用意しておきましょう。】

〇〇年〇〇月〇〇日

〇〇〇〇裁判所　殿

被害者が多数の犯罪の場合、被害者ごとに一つの事件ですから、多数の被害者のうち、ひとりでも再審事由があれば、その被害者につき再審請求ができます。

▼再審を請求した後

再審請求を受付けた裁判所は、再審請求書の記載や添付書類等を審査し、不備な点があれば補正を求めます。

再審の審理手続については、法律の規定がありませんので、裁判所のその時々の判断で行っています。外部からは、どの程度進んでいるか、なかなか分かりません。再審受理の通知もありません。一般的には、再審請求した後、求意見書の催告書が来ます。これは、再審請求書に付け加えて主張することがありませんか？　という問い合わせで、決定を出すにあたって必要な手続きです。

【したがって、求意見の手続きを経ずに決定が出されることはありません。】

▼再審が棄却されたら

再審請求の棄却決定は本人に送達されます。【弁護人がいる場合は本人と弁護人双方に送られます。】

地裁の棄却ないし却下の決定に対しては、**即時抗告**ができます。即時抗告の期間は、決定が**届いた日の翌日を1日と数えて3日間**です。土・日曜祭日（＆12月29日〜1月3日）は計算に入れません。例えば、水曜日に届いた場合は、土・日曜日を飛ばして月曜日が最終日になります。その月曜日が祭日なら火曜日になります。[**弁護人がいて、本人と弁護人の双方に届く場合は、先に届いた日を基準として起算されます。**]

即時抗告の宛先は、高裁になりますが、提出先は、原決定をした地方裁判所になります。例えば、東京高裁宛の即時抗告書を作成して東京地方裁判所の原決定をした部に提出することになります。高裁で確定した判決に再審請求している場合は、即時抗告申立書ではなく、高裁宛の異議申立書になります。この場合は呼び方と宛先が代わりますが、中身は同じです。

申立は、弁護人が出す場合は即時抗告申立書が期限内に裁判所に届くことが必要ですが、**本人が出す場合は、拘置所に提出した時点で届いたことになります**。

とにかく、決定が来た場合は、早急に簡単な理由（決定の内容が間違いであることを列挙し、後に補充することを書いておくことで足ります）を書いて即時抗告をし、その後、できるだけ早く補充すれば足ります。

即時抗告に対する決定が出た場合は、最高裁判所に対して**特別抗告**ができます（先の異議申立の場合も同じです）。

期限は5日間です。

その他のことは、即時抗告の場合と同じです。

▼再審棄却が確定してしまった場合

新たな陳述書などの新証拠を添えて第2次再審を行います。免田栄さんは、第3次、第4次……とねばり強く再審請求を続け、第6次の請求でようやく再審をかちとりました。あきらめてはいけません。

【注：裁判所の決定又は命令に対して、その決定又は命令をした裁判所の上級裁判所になされる不服の申立てを**抗告**といい、同一の審級の裁判所に対する不服申立てを、**異議**といいます。】

即時抗告申立書（請求却下の場合［棄却の場合］）

〇〇年〇〇月〇〇日
〇〇高等裁判所殿
　　　　　申立人　〇〇〇〇　印

申立人に対する〇〇被告事件に係る再審請求事件について、〇〇地方裁判所が〇〇年〇〇月〇〇日付で行った再審請求却下［棄却］決定に対し、以下のとおり即時抗告を申し立てる。

記

第一　申立の趣旨
　1　原決定を取り消す。
　2　申立人に係る〇〇被告事件について、再審を開始する。
との決定を求める。

第二　申立の理由
　1　原決定の内容
　　原決定が再審請求を却下［棄却］した理由は、〇〇〇〇である。
　　しかし、以下のとおり誤りである。
　2　原決定の誤り
　　〇〇〇〇であるから、原決定は誤りである。
　3　結論
　　以上のとおり、原決定の判断は誤っている。
　　従って、申立の趣旨のとおり再審が開始されることを求める。
　　なお、追って、補充書を提出する。
　　　　　　　　　　　　　　　　　以上

←地方裁判所に再審請求書を提出した場合
→高等裁判所に再審請求書を提出した場合

異議申立書（請求却下の場合［棄却の場合］）

〇〇年〇〇月〇〇日
〇〇高等裁判所殿
　　　　　申立人　〇〇〇〇　印

申立人に対する〇〇被告事件に係る再審請求事件について、〇〇高等裁判所刑事〇〇部が〇〇年〇〇月〇〇日付で行った再審請求却下［棄却］決定に対し、以下のとおり異議を申し立てる。

記

第一　申立の趣旨
　1　原決定を取り消す。
　2　申立人に係る〇〇被告事件について、再審を開始する。
との決定を求める。

第二　申立の理由
　1　原決定の内容
　　原決定が再審請求を却下［棄却］した理由は、〇〇〇〇である。
　　しかし、以下のとおり誤りである。
　2　原決定の誤り
　　〇〇〇〇であるから、原決定は誤りである。
　3　結論
　　以上のとおり、原決定の判断は誤っている。
　　従って、申立の趣旨のとおり再審が開始されることを求める。
　　なお、追って、補充書を提出する。
　　　　　　　　　　　　　　　　　以上

↓

特別抗告申立書（即時抗告が却下の場合［棄却の場合］）

〇〇年〇〇月〇〇日
最高裁判所殿
　　　　　申立人　〇〇〇〇　印

申立人に対する〇〇被告事件に係る再審請求事件において、申立人が行った即時抗告について、〇〇高等裁判所が〇〇年〇〇月〇〇日付で行った却下［棄却］決定に対し、以下のとおり特別抗告を申し立てる。

記

第一　申立の趣旨
　1　原決定を取り消す。
　2　申立人に係る〇〇被告事件について、再審を開始する。
との決定を求める。

第二　申立の理由
　1　原決定の内容
　　原決定が即時抗告を却下［棄却］した理由は、〇〇〇〇である。
　　しかし、以下のとおり憲法〇〇条に違反している。
　2　原決定の憲法違反
　　〇〇〇〇であるから、原決定は憲法〇〇条に違反している。
　3　結論
　　以上のとおり、原決定の判断は憲法〇〇条に違反している。
　　従って、申立の趣旨のとおり再審が開始されることを求める。
　　なお、追って、補充書を提出する。
　　　　　　　　　　　　　　　　　以上

注：判例違反を理由とする場合は、〇〇裁判所〇〇年〇〇月〇〇日決定（判決）に違反すると記載する。

特別抗告申立書（異議申立が却下の場合［棄却の場合］）

〇〇年〇〇月〇〇日
最高裁判所殿
　　　　　申立人　〇〇〇〇　印

申立人に対する〇〇被告事件に係る再審請求事件において、申立人が行った異議申立について、〇〇高等裁判所刑事〇〇部が〇〇年〇〇月〇〇日付で行った却下［棄却］決定に対し、以下のとおり特別抗告を申し立てる。

記

第一　申立の趣旨
　1　原決定を取り消す。
　2　申立人に係る〇〇被告事件について、再審を開始する。
との決定を求める。

第二　申立の理由
　1　原決定の内容
　　原決定が異議申立を却下［棄却］した理由は、〇〇〇〇である。
　　しかし、以下のとおり憲法〇〇条に違反している。
　2　原決定の憲法違反
　　〇〇〇〇であるから、原決定は憲法〇〇条に違反している。
　3　結論
　　以上のとおり、原決定の判断は憲法〇〇条に違反している。
　　従って、申立の趣旨のとおり再審が開始されることを求める。
　　なお、追って、補充書を提出する。
　　　　　　　　　　　　　　　　　以上

注：判例違反を理由とする場合は、〇〇裁判所〇〇年〇〇月〇〇日決定（判決）に違反すると記載する。

恩赦

恩赦を出願したいとき、具体的にはどうすればいいのでしょう。
次ページに恩赦出願書の見本を示します。

- 恩赦は、法務大臣宛に、恩赦出願書を作成して、現在収容されている拘置所長に提出します。法律上はこれを出願と呼びます。弁護士が代理人となって行うこともできます。
- 出願をした日から起算して、1年経過するまでは恩赦の再出願はできません。
- 恩赦の出願に対しては、採用、不採用の決定が出ますが、拘置所長を介して本人に直接伝えられます。所長が直ぐに伝えないことがありますので、確認するためには、所長や法務省の保護局に問い合わせます。
- 補充書の提出については特に制限がありません。できるだけ詳しく記載しましょう。
- 代理人や親族が保護局の職員と面接することも可能です。
- 決定が出るまでの期間は、ケースバイケースですが、最近は短くなっているようです。

▼恩赦と再審の管轄
- 恩赦は法務省の中央更生保護審査会（部署は保護局）が担当し、再審は裁判所が担当します。それぞれ、独立してその職務を遂行し、相互に連絡を取り合うこともありませんし、影響を与えることもありません。恩赦出願中に再審請求することは当然可能ですし、その逆も可能です。それぞれ、別個独立に判断されます。
- 再審や恩赦の準備中では執行は止まりません。むしろ早めることもありますから、一日でも早く再審請求や恩赦の出願をしましょう。そして、請求や出願をしたら、拘置所長や法務大臣にそのことを知らせましょう。

〇〇年〇〇月〇〇日

恩赦出願書

〇〇拘置所　所長殿

　　　　　　　　　　　　　　　本　籍　〇〇〇〇
　　　　　　　　　　　　　　　在　所　〇〇拘置所
　　　　　　　　　　　　　　　出願人　〇〇〇〇（〇〇年〇〇月〇〇日生）

1　有罪の言い渡しをした裁判所および年月日
　　〇〇地方裁判所（〇〇年〇〇月〇〇日）、〇〇高等裁判所（〇〇年〇〇月〇〇日）、最高裁判所（〇〇年〇〇月〇〇日）

2　罪名および刑名
　　　罪名　〇〇〇〇
　　　刑名　死刑

3　刑執行の状況
　　　〇〇拘置所に在監中

4　恩赦の種類
　　　特赦もしくは減刑または刑の執行免除

5　出願の理由
　　　別紙に記載のとおり

【別紙】
恩赦出願理由

【例】
自分の死刑判決の問題点（原判決で認定されたような殺意はなかった。重大な結果を招いてしまったことへの贖罪の思いも、日々接してくれる人たちには理解されている……等）

日本の死刑制度の問題点（法改正が待たれるが、当面、恩赦による救済を求めるものである……等）

　　　　　　　　　　　　　　　　　　　　　　　　　　　　　　　　　　　　以上

添付書類　戸籍謄本

関係法令（抜粋）

■日本国憲法

第3章　国民の権利及び義務

第10条　日本国民たる要件は、法律でこれを定める。

第11条　国民は、すべての基本的人権の享有を妨げられない。この憲法が国民に保障する基本的人権は、侵すことのできない永久の権利として、現在及び将来の国民に与へられる。

第12条　この憲法が国民に保障する自由及び権利は、国民の不断の努力によつて、これを保持しなければならない。又、国民は、これを濫用してはならないのであつて、常に公共の福祉のためにこれを利用する責任を負ふ。

第13条　すべて国民は、個人として尊重される。生命、自由及び幸福追求に対する国民の権利については、公共の福祉に反しない限り、立法その他の国政の上で、最大の尊重を必要とする。

第14条　すべて国民は、法の下に平等であつて、人種、信条、性別、社会的身分又は門地により、政治的、経済的又は社会的関係において、差別されない。

2　華族その他の貴族の制度は、これを認めない。

3　栄誉、勲章その他の栄典の授与は、いかなる特権も伴はない。栄典の授与は、現にこれを有し、又は将来これを受ける者の一代に限り、その効力を有する。

第15条　公務員を選定し、及びこれを罷免することは、国民固有の権利である。

2　すべて公務員は、全体の奉仕者であつて、一部の奉仕者ではない。

3　公務員の選挙については、成年者による普通選挙を保障する。

4　すべて選挙における投票の秘密は、これを侵してはならない。選挙人は、その選択に関し公的にも私的にも責任を問はれない。

第16条　何人も、損害の救済、公務員の罷免、法律、命令又は規則の制定、廃止又は改正その他の事項に関し、平穏に請願する権利を有し、何人も、かかる請願をしたためにいかなる差別待遇も受けない。

第17条　何人も、公務員の不法行為により、損害を受けたときは、法律の定めるところにより、国又は公共団体に、その賠償を求めることができる。

第18条　何人も、いかなる奴隷的拘束も受けない。又、犯罪に因る処罰の場合を除いては、その意に反する苦役に服させられない。

第19条　思想及び良心の自由は、これを侵してはならない。

第20条　信教の自由は、何人に対してもこれを保障する。いかなる宗教団体も、国から特権を受け、又は政治上の権力を行使してはならない。

2　何人も、宗教上の行為、祝典、儀式又は行事に参加することを強制されない。

3　国及びその機関は、宗教教育その他いかなる宗教的活動もしてはならない。

第21条　集会、結社及び言論、出版その他一切の表現の自由は、これを保障する。

2　検閲は、これをしてはならない。通信の秘密は、これを侵してはならない。

第22条　何人も、公共の福祉に反しない限り、居住、移転及び職業選択の自由を有する。

2　何人も、外国に移住し、又は国籍を離脱する自由を侵されない。

第23条　学問の自由は、これを保障する。

第24条　婚姻は、両性の合意のみに基いて成立し、夫婦が同等の権利を有することを基本として、相互の協力により、維持されなければならない。

2　配偶者の選択、財産権、相続、住居の選定、離婚並びに婚姻及び家族に関するその他の事項に関しては、法律は、個人の尊厳と両性の本質的平等に立脚して、制定されなければならない。

第25条　すべて国民は、健康で文化的な最低限度の生活を営む権利を有する。

2　国は、すべての生活部面について、社会福祉、社会保障及び公衆衛生の向上及び増進に努めなければならない。

第26条　すべて国民は、法律の定めるところにより、その能力に応じて、ひとしく教育を受ける権利を有する。

2　すべて国民は、法律の定めるところにより、その保護する子女に普通教育を受けさせる義務を負ふ。義務教育は、これを無償とする。

第27条　すべて国民は、勤労の権利を有し、義務を負ふ。

2　賃金、就業時間、休息その他の勤労条件に関する基準は、法律でこれを定める。

3　児童は、これを酷使してはならない。

第28条　勤労者の団結する権利及び団体交渉その他の団体行動をする権利は、これを保障する。

第29条　財産権は、これを侵してはならない。

2　財産権の内容は、公共の福祉に適合するやうに、法律でこれを定める。

3　私有財産は、正当な補償の下に、これを公共のために用ひることができる。

第30条　国民は、法律の定めるところにより、納税の義務を負ふ。

第31条　何人も、法律の定める手続によらなければ、その生命若しくは自由を奪はれ、又はその他の刑罰を科せられない。

第32条　何人も、裁判所において裁判を受ける権利を奪はれない。

第33条　何人も、現行犯として逮捕される場合を除いては、権限を有する司法官憲が発し、且つ理由となつてゐる犯罪を明示する令状によらなければ、逮

捕されない。
第34条　何人も、理由を直ちに告げられ、且つ、直ちに弁護人に依頼する権利を与へられなければ、抑留又は拘禁されない。又、何人も、正当な理由がなければ、拘禁されず、要求があれば、その理由は、直ちに本人及びその弁護人の出席する公開の法廷で示されなければならない。
第35条　何人も、その住居、書類及び所持品について、侵入、捜索及び押収を受けることのない権利は、第33条の場合を除いては、正当な理由に基いて発せられ、且つ捜索する場所及び押収する物を明示する令状がなければ、侵されない。
2　捜索又は押収は、権限を有する司法官憲が発する各別の令状により、これを行ふ。
第36条　公務員による拷問及び残虐な刑罰は、絶対にこれを禁ずる。
第37条　すべて刑事事件においては、被告人は、公平な裁判所の迅速な公開裁判を受ける権利を有する。
2　刑事被告人は、すべての証人に対して審問する機会を充分に与へられ、又、公費で自己のために強制的手続により証人を求める権利を有する。
3　刑事被告人は、いかなる場合にも、資格を有する弁護人を依頼することができる。被告人が自らこれを依頼することができないときは、国でこれを附する。
第38条　何人も、自己に不利益な供述を強要されない。
2　強制、拷問若しくは脅迫による自白又は不当に長く抑留若しくは拘禁された後の自白は、これを証拠とすることができない。
3　何人も、自己に不利益な唯一の証拠が本人の自白である場合には、有罪とされ、又は刑罰を科せられない。
第39条　何人も、実行の時に適法であつた行為又は既に無罪とされた行為については、刑事上の責任を問はれない。又、同一の犯罪について、重ねて刑事上の責任を問はれない。
第40条　何人も、抑留又は拘禁された後、無罪の裁判を受けたときは、法律の定めるところにより、国にその補償を求めることができる。
第10章　最高法規
第97条　この憲法が日本国民に保障する基本的人権は、人類の多年にわたる自由獲得の努力の成果であつて、これらの権利は、過去幾多の試錬に堪へ、現在及び将来の国民に対し、侵すことのできない永久の権利として信託されたものである。
第98条　この憲法は、国の最高法規であつて、その条規に反する法律、命令、詔勅及び国務に関するその他の行為の全部又は一部は、その効力を有しない。
2　日本国が締結した条約及び確立された国際法規は、これを誠実に遵守することを必要とする。
第99条　天皇又は摂政及び国務大臣、国会議員、裁判官その他の公務員は、この憲法を尊重し擁護する義務を負ふ。

■刑事訴訟法
第4編　再審
第435条　再審の請求は、左の場合において、有罪の言渡をした確定判決に対して、その言渡を受けた者の利益のために、これをすることができる。
1. 原判決の証拠となつた証拠書類又は証拠物が確定判決により偽造又は変造であつたことが証明されたとき。
2. 原判決の証拠となつた証言、鑑定、通訳又は翻訳が確定判決により虚偽であつたことが証明されたとき。
3. 有罪の言渡を受けた者を誣告した罪が確定判決により証明されたとき。但し、誣告により有罪の言渡を受けたときに限る。
4. 原判決の証拠となつた裁判が確定裁判により変更されたとき。
5. 特許権、実用新案権、意匠権又は商標権を害した罪により有罪の言渡をした事件について、その権利の無効の審決が確定したとき、又は無効の判決があつたとき。
6. 有罪の言渡を受けた者に対して無罪若しくは免訴を言い渡し、刑の言渡を受けた者に対して刑の免除を言い渡し、又は原判決において認めた罪より軽い罪を認めるべき明らかな証拠をあらたに発見したとき。
7. 原判決に関与した裁判官、原判決の証拠となつた証拠書面の作成に関与した裁判官又は原判決の証拠となつた書面を作成し若しくは供述をした検察官、検察事務官若しくは司法警察職員が被告事件について職務に関する罪を犯したことが確定判決により証明されたとき。但し、原判決をする前に裁判官、検察官、検察事務官又は司法警察職員に対して公訴の提起があつた場合には、原判決をした裁判所がその事実を知らなかつたときに限る。

第436条　再審の請求は、左の場合において、控訴又は上告を棄却した確定判決に対して、その言渡を受けた者の利益のために、これをすることができる。
1. 前条第1号又は第2号に規定する事由があるとき。
2. 原判決又はその証拠となつた証拠書類の作成に関与した裁判官について前条第7号に規定する事由があるとき。
2　第一審の確定判決に対して再審の請求をした事件について再審の判決があつた後は、控訴棄却の判決に対しては、再審の請求をすることはできない。
3　第一審又は第二審の確定判決に対して再審の請求をした事件について再審の判決があつた後は、上告棄却の判決に対しては、再審の請求をすることはできない。
第437条　前2条の規定に従い、確定判決により犯罪が証明されたことを再審の請求の理由とすべき場合において、その確定判決を得ることができないときは、その事実を証明して再審の請求をすることがで

きる。但し、証拠がないという理由によって確定判決を得ることができないときは、この限りでない。
第438条　再審の請求は、原判決をした裁判所がこれを管轄する。
第439条　再審の請求は、左の者がこれをすることができる。
1. 検察官
2. 有罪の言渡を受けた者
3. 有罪の言渡を受けた者の法定代理人及び保佐人
4. 有罪の言渡を受けた者が死亡し、又は心神喪失の状態に在る場合には、その配偶者、直系の親族及び兄弟姉妹

2　第435条第7号又は第436条第1項第2号に規定する事由による再審の請求は、有罪の言渡を受けた者がその罪を犯させた場合には、検察官でなければこれをすることができない。
第440条　検察官以外の者は、再審の請求をする場合には、弁護人を選任することができる。
2　前項の規定による弁護人の選任は、再審の判決があるまでその効力を有する。
第441条　再審の請求は、刑の執行が終り、又はその執行を受けることがないようになったときでも、これをすることができる。
第442条　再審の請求は、刑の執行を停止する効力を有しない。但し、管轄裁判所に対応する検察庁の検察官は、再審の請求についての裁判があるまで刑の執行を停止することができる。
第443条　再審の請求は、これを取り下げることができる。
2　再審の請求を取り下げた者は、同一の理由によっては、更に再審の請求をすることができない。
第444条　第366条の規定は、再審の請求及びその取下についてこれを準用する。
第445条　再審の請求を受けた裁判所は、必要があるときは、合議体の構成員に再審の請求の理由について、事実の取調をさせ、又は地方裁判所、家庭裁判所若しくは簡易裁判所の裁判官にこれを嘱託することができる。この場合には、受命裁判官及び受託裁判官は、裁判所又は裁判長と同一の権限を有する。
第446条　再審の請求が法令上の方式に違反し、又は請求権の消滅後にされたものであるときは、決定でこれを棄却しなければならない。
第447条　再審の請求が理由のないときは、決定でこれを棄却しなければならない。
2　前項の決定があったときは、何人も、同一の理由によっては、更に再審の請求をすることができない。
第448条　再審の請求が理由のあるときは、再審開始の決定をしなければならない。
2　再審開始の決定をしたときは、決定で刑の執行を停止することができる。
第449条　控訴を棄却した確定判決とその判決によって確定した第一審の判決に対して再審の請求があったときにおいて、第一審裁判所が再審の判決をしたときは、控訴裁判所は、決定で再審の請求を棄却しなければならない。

2　第一審又は第二審の判決に対する上告を棄却した判決とその判決によって確定した第一審又は第二審の判決とに対して再審の請求があった場合において、第一審裁判所又は控訴裁判所が再審の判決をしたときは、上告裁判所は、決定で再審の請求を棄却しなければならない。
第450条　第446条、第447条第1項、第448条第1項又は前条第1項の決定に対しては、即時抗告をすることができる。
第451条　裁判所は、再審開始の決定が確定した事件については、第449条の場合を除いては、その審級に従い、更に審判をしなければならない。
2　左の場合には、第314条第1項本文及び第339条第1項第4号の規定は、前項の審判にこれを適用しない。
1. 死亡者又は回復の見込がない心神喪失者のために再審の請求がされたとき。
2. 有罪の言渡を受けた者が、再審の判決がある前に、死亡し、又は心神喪失の状態に陥りその回復の見込がないとき。

3　前項の場合には、被告人の出頭がなくても、審判をすることができる。但し、弁護人が出頭しなければ開廷することはできない。
4　第2項の場合において、再審の請求をした者が弁護人を選任しないときは、裁判長は、職権で弁護人を附しなければならない。
第452条　再審においては、原判決の刑より重い刑を言い渡すことはできない。
第453条　再審において無罪の言渡をしたときは、官報及び新聞紙に掲載して、その判決を公示しなければならない。

■刑事訴訟規則

第五編　再審
（請求の手続）
第283条　再審の請求をするには、その趣意書に原判決の謄本、証拠書類及び証拠物を添えてこれを管轄裁判所に差し出さなければならない。
（準用規定）
第284条　再審の請求又はその取下については、第224条、第227条、第228条及び第230条の規定を準用する。
（請求の競合）
第285条　第一審の確定判決と控訴を棄却した確定判決とに対して再審の請求があったときは、控訴裁判所は、決定で第一審裁判所の訴訟手続が終了するに至るまで、訴訟手続を停止しなければならない。
2　第一審又は第二審の確定判決と上告を棄却した確定判決とに対して再審の請求があったときは、上告裁判所は、決定で第一審裁判所又は控訴裁判所の訴訟手続が終了するに至るまで、訴訟手続を停止しなければならない。
（意見の聴取）
第286条　再審の請求について決定をする場合には、

請求をした者及びその相手方の意見を聴かなければならない。有罪の言渡を受けた者の法定代理人又は保佐人が請求をした場合には、有罪の言渡を受けた者の意見をも聴かなければならない。

■恩赦法

第一条 大赦、特赦、減刑、刑の執行の免除及び復権については、この法律の定めるところによる。

第二条 大赦は、政令で罪の種類を定めてこれを行う。

第三条 大赦は、前条の政令に特別の定のある場合を除いては、大赦のあつた罪について、左の効力を有する。
一 有罪の言渡を受けた者については、その言渡は、効力を失う。
二 まだ有罪の言渡を受けない者については、公訴権は、消滅する。

第四条 特赦は、有罪の言渡を受けた特定の者に対してこれを行う。

第五条 特赦は、有罪の言渡の効力を失わせる。

第六条 減刑は、刑の言渡を受けた者に対して政令で罪若しくは刑の種類を定めてこれを行い、又は刑の言渡を受けた特定の者に対してこれを行う。

第七条 政令による減刑は、その政令に特別の定のある場合を除いては、刑を減軽する。
2 特定の者に対する減刑は、刑を減軽し、又は刑の執行を減軽する。
3 刑の執行猶予の言渡を受けてまだ猶予の期間を経過しない者に対しては、前項の規定にかかわらず、刑を減軽する減刑のみを行うものとし、又、これとともに猶予の期間を短縮することができる。

第八条 刑の執行の免除は、刑の言渡を受けた特定の者に対してこれを行う。但し、刑の執行猶予の言渡を受けてまだ猶予の期間を経過しない者に対しては、これを行わない。

第九条 復権は、有罪の言渡を受けたため法令の定めるところにより資格を喪失し、又は停止された者に対して政令で要件を定めてこれを行い、又は特定の者に対してこれを行う。但し、刑の執行を終わらない者又は執行の免除を得ない者に対しては、これを行わない。

第十条 復権は、資格を回復する。
2 復権は、特定の資格についてこれを行うことができる。

第十一条 有罪の言渡に基く既成の効果は、大赦、特赦、減刑、刑の執行の免除又は復権によって変更されることはない。

第十二条 特赦、特定の者に対する減刑、刑の執行の免除及び特定の者に対する復権は、中央更生保護審査会の申出があつた者に対してこれを行うものとする。

第十三条 特赦、特定の者に対する減刑、刑の執行の免除又は特定の者に対する復権があつたときは、法務大臣は、特赦状、減刑状、刑の執行の免除状又は復権状を本人に下付しなければならない。

第十四条 大赦、特赦、減刑、刑の執行の免除又は復権があつたときは、検察官は、判決の原本にその旨を附記しなければならない。

第十五条 この法律の施行に関し必要な事項は、法務省令でこれを定める。

■恩赦法施行規則

第一条 恩赦法（昭和二十二年法律第二十号）第十二条の規定による中央更生保護審査会の申出は、監獄（少年法（昭和二十三年法律第百六十八号）第五十六条第三項の規定により少年院において刑を執行する場合における当該少年院を含む。以下第一条の二，第六条，第八条及び第十一条第三項において同じ。）若しくは保護観察所の長又は検察官の上申があつた者に対してこれを行うものとする。

第一条の二 左に掲げる者は、職権で、中央更生保護審査会に特赦、特定の者に対する減刑又は刑の執行の免除の上申をすることができる。
一 在監者（少年法第五十六条第三項の規定により少年院において刑の執行を受ける者を含む。）については、その監獄の長
二 保護観察に付されている者については、その保護観察をつかさどる保護観察所の長
三 その他の者については、有罪の言渡をした裁判所に対応する検察庁の検察官
2 前項各号に掲げる監獄若しくは保護観察所の長又は検察官は、本人から特赦、減刑又は刑の執行の免除の出願があつたときは、意見を附して中央更生保護審査会にその上申をしなければならない。

第二条 特赦、減刑又は刑の執行の免除の上申書には、左の書類を添附しなければならない。
一 判決の謄本又は抄本
二 刑期計算書
三 犯罪の情状、本人の性行、受刑中の行状、将来の生計その他参考となるべき事項に関する調査書類
2 本人の出願により上申をする場合には、前項の書類の外その願書を添附しなければならない。
3 判決原本の滅失又は破損によつて判決の謄本又は抄本を添附することができないときは、検察官が自己の調査に基き作成した書面で判決の主文、罪となるべき事実及びこれに対する法令の適用並びに判決原本が滅失し又は破損したこと及びその理由を示すものを以て、これに代えることができる。

第三条 左に掲げる者は、職権で、中央更生保護審査会に復権の上申をすることができる。
一 保護観察に付されたことのある者については、最後にその保護観察をつかさどつた保護観察所の長
二 その他の者については、最後に有罪の言渡をした裁判所に対応する検察庁の検察官
2 前項各号に掲げる保護観察所の長又は検察官は、本人から復権の出願があつたときは、意見を附して中央更生保護審査会にその上申をしなければならない。

第四条 復権の上申書には、左の書類を添附しなけれ

ばならない。
一　判決の謄本又は抄本
二　刑の執行を終り又は執行の免除のあつたことを証する書類
三　刑の免除の言渡のあつた後又は刑の執行を終り若しくは執行の免除のあつた後における本人の行状、現在及び将来の生計その他参考となるべき事項に関する調査書類
2　第二条第二項の規定は、前項の場合にこれを準用する。
3　第二条第三項の規定は、第一項第一号の書類についてこれを準用する。

第五条　恩赦法第十条第二項　による復権の上申書には、回復すべき資格の種類を明記しなければならない。

第六条　特赦、減刑又は刑の執行の免除の出願は、刑の言渡後左の期間を経過した後でなければ、これをすることができない。但し、中央更生保護審査会は、本人の願により、期間の短縮を許可することができる。
一　拘留又は科料については、六箇月
二　罰金については、一年
三　有期の懲役又は禁錮については、その刑期の三分の一に相当する期間。（短期と長期とを定めて言い渡した刑については、その刑の短期の三分の一に相当する期間。）但し、その期間が一年に満たないときは、一年とする。
四　無期の懲役又は禁錮については、十年
2　拘禁されない日数は、刑の執行を終り又は刑の執行の免除を受けた後の日数及び仮出獄中又は刑の執行停止中の日数を除くの外、前項第三号及び第四号の期間にこれを算入しない。
3　前項の規定は、刑の執行を猶予されている場合には、これを適用しない。
4　第一項但書の願をするには、願書をその願に係る特赦、減刑又は刑の執行の免除について上申をすることができる監獄若しくは保護観察所の長又は検察官に差し出さなければならない。
5　第一条の二第二項の規定は、第一項但書の願があつた場合にこれを準用する。

第七条　復権の出願は、刑の執行を終り又は執行の免除のあつた後でなければ、これをすることができない。

第八条　監獄若しくは保護観察所の長又は検察官が本人の出願により特赦、減刑、刑の執行の免除又は復権の上申が理由のないときは、その出願の日から一年を経過した後でなければ、更に出願をすることができない。

第九条　特赦、減刑、刑の執行の免除又は復権の願書には、左の事項を記載し、且つ戸籍の謄本又は抄本（法人であるときは登記簿抄本）を添附しなければならない。
一　出願者の氏名、出生年月日、職業、本籍及び住居（法人であるときはその名称、主たる事務所の所在地及び代表者の氏名）
二　有罪の言渡をした裁判所及び年月日
三　罪名、犯数、刑名及び刑期又は金額
四　刑執行の状況
五　上申を求める恩赦の種類
六　出願の理由
2　前項の規定は、第六条第一項但書の許可を受ける場合にこれを準用する。

第十条　中央更生保護審査会は、特赦、減刑、刑の執行の免除又は復権の上申が理由のないときは、上申をした者にその旨を通知しなければならない。
2　前項の通知を受けた者は、出願者にその旨を通知しなければならない。

第十一条　特赦、特定の者に対する減刑、刑の執行の免除又は特定の者に対する復権があつたときは、法務大臣は、中央更生保護審査会をして、有罪の言渡をした裁判所に対応する検察庁の検察官に特赦状、減刑状、刑の執行の免除状又は復権状（以下恩赦状という。）送付させる。
2　恩赦状の送付を受けた検察官は、自ら上申をしたものであるときは、直ちにこれを本人に交付し、その他の場合においては、速やかにこれを上申をした者に送付し、上申をした者は、直ちにこれを本人に交付しなければならない。
3　上申をした者は、仮出獄中の者に恩赦状を交付したときは、その旨を監獄の長に通知しなければならない。
4　第二項に規定する恩赦状の交付及び前項の通知は、これを本人の住居のある地を管轄する保護観察所の長、本人の住居のある地を管轄する裁判所に対応する検察庁の検察官又は本人の在監する監獄若しくは在院する少年院の長に嘱託することができる。

第十二条　恩赦状を本人に交付した者は、速やかにその旨を法務大臣に報告しなければならない。

第十三条　恩赦法第十四条　の規定により判決の原本に附註をなすべき検察官は、有罪の言渡をした裁判所に対応する検察庁の検察官とする。

第十四条　検察官は、恩赦法第十四条　の規定により判決の原本に附註をした場合において、訴訟記録が他の検察庁に在るときは、その検察庁の検察官にその旨を通知しなければならない。
2　前項の通知書は、これを訴訟記録に添附しなければならない。

第十五条　有罪の言渡を受けた者で大赦により赦免を得たものは、有罪の言渡をした裁判所に対応する検察庁の検察官に申し出で、その旨の証明を受けることができる。政令により復権を得た者も、同様である。

「死刑廃止国際条約の批准を求めるフォーラム 90」賛同人になってください

地球が決めた死刑廃止

1989 年 12 月、国連総会において「市民的及び政治的権利に関する国際規約の第二選択議定書（死刑廃止条約）」が採択され、1991 年 7 月に発効しました。しかし日本政府はこの条約の採択に反対し、いまだに批准していません。

フォーラム 90 の発足から現在まで

私たちは、日本でも死刑が廃止されることを願い、世代や政治的立場、思想信条、性別を超えて、死刑廃止を目的とすることだけでゆるやかにつながる市民運動体として、1990 年「死刑廃止フォーラム 90」を結成し、国会議員、弁護士、学者、宗教者等を含む約 5000 人の市民が力を合わせ死刑廃止に向けてさまざまな運動を展開してきました。

1990 年 12 月には団藤重光氏の講演会、92 年 3 月にはフランスで死刑を廃止した R・バダンテール元法相の講演会、93 年 7 月にはアジアの死刑廃止運動体が集うアジア・フォーラム、2010 年 12 月にはフォーラム発足 20 年記念集会を日比谷公会堂で開催しました。2001 年 6 月には、元冤罪死刑囚免田栄氏、犯罪被害者遺族の原田正治氏をはじめとする訪欧団が世界死刑廃止会議に出席し、欧州評議会議場でスピーチを行いました。同年 11 月には韓国ソウルで開催された第 2 回アジア・フォーラムに参加し、アジア各地の方々と交流し国際的な連帯の絆を確かなものにしました。2005 年からは 10 月 10 日の世界死刑廃止デーに合わせて、さまざまな催しや街頭パレードを行い、死刑に反対する世論の顕在化と死刑制度廃止に向けた環境づくりに取り組んできました。

世界はいま、死刑廃止へ

死刑廃止条約の発効後、世界は着実に死刑廃止に向かっています。死刑を廃止した国々は 3 分の 2 に及びます。

アジアでも大きな流れが生まれています。カンボジア、ネパール、東ティモール、フィリピン、ブータンでは死刑を全面的に廃止しました。韓国、スリランカ、ブルネイ、ミャンマー、ラオスでは 10 年以上にわたって死刑執行が停止され、事実上の死刑廃止国となり、モンゴルでも 2010 年に死刑は停止されました。国連総会では、2007 年、2008 年、2010 年 12 月に死刑存置国に対して死刑執行の停止を求める決議を採択しています。そこには「死刑の適用が人間の尊厳をむしばむことを考慮し、また、死刑の適用の停止が人権の高揚と進展に貢献すると確信し、死刑の抑止力としての価値についての確証はなく、死刑の執行にお

ける司法の誤りや欠陥は取り返しがつかず、また回復不可能であることを考慮」すべきであると謳われています。

　また、2008年5月には、国連人権理事会で、日本に対する人権状況の審査が行われました。人権理事会は日本政府に対し、死刑廃止と国連総会で採択された死刑執行の一時停止を求める決議の受け入れを勧告しました。

日本の現状

　しかし、日本では、殺人などのいわゆる凶悪事件は減少しているにもかかわらず、2000年代に入ると死刑判決は増加しはじめました。自民党政権末期の2006年12月からは死刑執行命令が濫発され、わずか2年7カ月で35名もの人々が執行されました。このなかには、車椅子生活の人を含む高齢者の方々や、三審を経ないで自ら上訴を取り下げて確定した人々、一審判決は無期懲役だった人々も数多く含まれています。2008年10月には、再審無罪となった足利事件と同じ方法によるDNA鑑定が有罪の決め手とされ一貫して無実を訴え続けていた飯塚事件の久間三千年氏の死刑が執行されました。民主党政権下でも、2010年7月、千葉景子法相は2名の死刑を執行しました。昨年は19年ぶりに執行のない年となりましたが、2012年1月の就任記者会見で「職責を果たす」と明言した小川敏夫法相は、3月29日3名の死刑を執行しました。また、2009年5月から裁判員制度が導入され、市民が否応なしに死刑判決を選択させられています。

　私たちは、今まで以上に死刑廃止の声を大きくあげて、死刑廃止に向けて多様な運動を展開していきます。一人でも多くの方々に、賛同人として、死刑廃止の実現に向けてともに歩んでいただけますようお願い申し上げます。

　なお、フォーラム90の活動は、会費制ではなく1口814（はいし）円以上のカンパでまかなってきました。ご賛同いただける場合は、下の欄にご記入のうえ、FAXまたは郵便で下記にお送りくださいますようお願い申し上げます。

〈呼びかけ人〉
　団藤重光（元最高裁判事）　故土屋公献（元日弁連会長）
　免田栄（元冤罪死刑囚）　奥平康弘（憲法学者）
　イーデス・ハンソン（アムネスティ・インターナショナル日本特別顧問）
　加賀乙彦（作家）　瀬戸内寂聴（作家）

死刑廃止国際条約の批准を求めるフォーラム90
　〒107-0052 港区赤坂2-14-13 港合同法律事務所気付
　　Tel 03-3585-2331　Fax 03-3585-2330

死刑廃止のための大道寺幸子基金について

　死刑囚自身の息吹を外に伝えるものとして「大道寺幸子基金死刑囚の表現展」が毎年行われている。10月10日の死刑廃止デー周辺の日に、フォーラム90の集会の一部で作品の講評を含めたシンポジウムが行われ、絵画作品が展示される。また、広島のアビエルト、京都の東本願寺接待所ギャラリーなどで展示され、多くの人に死刑囚を身近に感じていただくことができた。また文芸作品では、2005年の第1回表現展で優秀賞を受賞した河村啓三『こんな僕でも生きていいの』は06年にインパクト出版会から、澤地和夫『死刑囚物語――獄中座禅20年』は彩流社から、第3回表現展で奨励賞を受賞した『生きる――大阪拘置所・死刑囚房から』はインパクト出版会から刊行された。
　基金では以下のような概要で死刑囚へ応募を呼びかけている。毎年7月末が〆切で、この基金の活動は2014年まで行われる予定だ。

死刑廃止のための大道寺幸子基金から
死刑判決を受けたみなさんへ

死刑廃止のための大道寺幸子基金運営会

　2004年5月12日に死刑廃止を訴え続けた大道寺幸子さんが亡くなり、その遺産を元に「死刑廃止のための大道寺幸子基金」が発足しました。基金は2005年から10年間、確定死刑囚の再審請求への補助金、死刑囚の表現展の開催と優秀作品の表彰のために使われます。
　そして第1回8名、第2回6名、第3回5名、第4回6名、第5回6名、第6回6名の方に再審支援金をお渡ししました（一部代理人決定まで保留になっている方があります）。そして今年（2011年）第7回には2名の方にお渡ししました。
　また死刑囚の表現展には第1回は文芸作品9人、絵画・イラストが9人の方から、第2回は文芸作品7人、絵画・イラストが8人の方から、第3回は文芸作品6人、絵画・イラストが10人の方から、第4回は文芸作品8人、絵画・イラストが9人の方から、第5回は文芸作品10人、絵画作品11人の方から、第6回は文芸作品11人、絵画作品16人の方から、第7回は文芸作品12名、絵画作品14人の方から応募があり、それぞれ優秀作品を顕彰し、絵画作品は集会会場にて展示しました。

　私たちは、今後3年間にわたって毎年6名の確定死刑囚の方への再審支援金をお渡しします。また今年に続いてあと3回、死刑囚の表現展を実施し、死刑廃止国際デーの10月10日前後に、寄せられた小説、自伝、エッセイ、評論、詩歌、脚本、絵画、まんが、その他、あらゆる分野の未発表でオリジナルな表現作品を展示し、

優秀作品の顕彰と選考委員による選考経過の発表、シンポジウムなどを行う予定です。

来年度以降もぜひ補助金の要請、作品の応募をしていただけますようにお願い申し上げます。

1、再審請求への補助金
募集要項
（1）補助金は、下記住所まで、本人または関係者の方がお申し込み下さい。
（2）申し込みは毎年7月末とします。
（3）なお補助金は弁護人もしくは弁護人になろうとする人（恩赦代理人を含む）にお渡しします。
（4）補助金は、確定死刑囚1人に対して、1回限りとさせていただきます。
（5）優先順位は、緊急性・必要性を考慮し当方で考えさせていただきます。
（6）今回選定されなかった人も、次回に再応募できます。
（7）告知は速やかに申請者に行います。

2、死刑囚（未決を含む）表現展と優秀作品の表彰
募集要項
（1）死刑囚（確定囚、未決囚を問わない）による作品を公募します。
（2）公募する作品は、小説、自伝、エッセイ、評論、詩歌脚本、絵画、まんが、その他、あらゆる分野の未発表でオリジナルな表現作品です。
　　　長篇作品は、400字詰め350枚、140000字以内で、1回1作品だけの応募に限ります
（3）締めきりは毎年7月末、基金が依頼した選考委員によって優秀作品を選定し、優秀作品に賞金5万円を贈呈します。
（4）応募作品は10月10日の国際死刑廃止デー前後に展示を予定しています。作品の著作権は制作者が、所有権は基金が持ち、これらの作品を死刑廃止運動に役立てるために使います。
（5）選考委員：池田浩士・太田昌国・加賀乙彦・川村湊・北川フラム・坂上香プラスゲスト選考委員
　　　なお第8回締め切りは2012年7月末日です。これまでの応募者、受賞者の応募も歓迎します。

送り先　東京都港区赤坂2-14-13 港合同法律事務所　大道寺幸子基金運営会
　封筒表に「表現展応募作品」もしくは「再審請求補助金」と明記してください。

（2011年11月）

死刑廃止国際条約の批准を求めるフォーラム90
1990年春、前年国連で死刑廃止国際条約が採択されたのを機に、条約批准を求める運動を通して全国の死刑廃止論者を顕在化させるフォーラム運動を呼びかけ結成。賛同者は全国で5000人、年6回、ニュースを刊行している。
死刑廃止チャンネルは http://www.forum90.net
ホームページは http://www.jca.apc.org/stop-shikei/

連絡先・107-0052　東京都港区赤坂2-14-13 港合同法律事務所気付
カンパは郵便振替 00180-1-80456　フォーラム90

死刑囚90人　とどきますか、獄中からの声

2012年5月23日発行

編集　死刑廃止国際条約の批准を求めるフォーラム90
　　　編集委員＝可知亮、国分葉子、高田章子、中井厚、深瀬暢子、安田好弘、深田卓
　　　協力＝福島みずほ事務所、死刑廃止のための大道寺幸子基金

発行・インパクト出版会
　　　113-0033　東京都文京区本郷2-5-11　服部ビル
　　　TEL03-3818-7576　FAX03-3818-8676
　　　E-mail:impact@jca.apc.org
　　　http://www.jca.apc.org/impact/
　　　郵便振替 00110-9-83148
印刷　モリモト印刷

本書からの無断転載はお断りします。

インパクト出版会

命の灯を消さないで
死刑廃止国際条約の批准を求めるフォーラム90編　1300円＋税　ISBN 978-4-7554-0197-8
2008年夏、フォーラム90が死刑確定者105人に対して行なったアンケートに78人の死刑囚が解答を寄せた。そこには死刑囚たちの78通りの思いが、あたかも遺書のごとく吐露されている。彼らのうち執行されたり獄死を余儀なくされ命を落とした者も少なくない。死刑の実態を知るための必読書である。

「鶴見事件」抹殺された真実
高橋和利 著　1800円＋税　ISBN 978-4-7554-0214-2
警察・検察はどのように人一人を殺人犯に仕立て上げるのか。ずさんな捜査、予断による犯人視、強権的な取り調べの過程を克明に記述した体験記。死刑確定者による「私は殺してはいない」という獄中からの怒りの激白である。死刑廃止のための大道寺幸子基金第5回死刑囚表現展奨励賞受賞作品。

死刑・いのち絶たれる刑に抗して
日方ヒロコ 著　2500円＋税　ISBN 978-4-7554-0212-8
死刑囚・木村修治の姉として生きた著者による死刑廃止運動草創期の記録。世間の矢面にたち精神的に追いつめられながらも、あらゆる方法で迫り来る死刑執行と対峙する。死刑執行前後の家族が直面させられた現実が、そして教誨師から聞いた死刑執行の現実があますことなく描かれる。

生きる　大阪拘置所・死刑囚房から
河村啓三 著　1700円＋税　ISBN 978-4-7554-0194-7
春には花見でにぎわう淀川沿いにある大阪拘置所では、毎年何名もの死刑囚が国によって絞殺されている。次々と処刑されていく死刑囚たちのことを記憶に刻み、この瞬間を精いっぱい生きる。死刑囚が語る生と死の哲学。死刑廃止のための大道寺幸子基金第4回死刑囚表現展奨励賞受賞作品。第1作『こんな僕でも生きていていいの』も発売中。

光市事件　弁護団は何を立証したのか
光市事件弁護団 編著　1300円＋税　ISBN978-4-7554-0188-6
マスメディアの総攻撃に抗して、差戻控訴審での21人の弁護団が明かす事件の真実。少年による不幸にして偶発的な事件を、検察官は凶悪な強姦・殺人事件としてねつ造した。司法は制度疲労の中にあって、危機的な状態にある。いま問われているのは司法の頽廃である！ 付・被告人少年の謝罪の手紙。

震災と死刑　生命を見つめなおす
年報・死刑廃止 2011　2300円＋税　ISBN 978-4-7554-0218-0
東電の社長はなぜ死刑にならないのか？ 2万もの人が亡くなった大災害で命の尊さをみんなが認識したはずなのに、死刑囚への赦免はく、3.11以後も死刑判決が出続ける。震災後のいま、死刑の意味を問う。金平茂紀・神田香織・川村湊・安田好弘。ほかに、「裁判員裁判と死刑—11の死刑求刑裁判を見る」。

少年死刑囚
中山義秀 著　池田浩士 解説　インパクト選書⑥　1600円＋税　ISBN 978-4-7554-0222-7
死刑か、無期か？ 翻弄される少年殺人者の心の動きを描き、刑罰とは何かを問う傑作ドキュメンタリー小説。解説者・池田浩士はこの作品とほぼ同量の長編論考で、この作品のモデルとなった敗戦直後の鹿児島・雑貨商殺害事件の少年のその後を追い、衝撃的な事実を発掘する。そして私たちに、あまりにも残酷なこの国の刑罰制度の現実を突きつけるのだ。